DIMENSIONES
DE
Transformación

MAX HEBELING

A menos que se indique lo contrario, todas las citas bíblicas han sido tomadas de varias versiones de la biblia, entre ellas RV 1960. Nota: el énfasis en negrita en partes del texto es del autor.

DIMENSIONES DE TRANSFORMACIÓN

Max Hebeling
631 12th.
Imperial Beach, Ca 92154
http://maxhebeling.com

ISBN: **978-0-9888089**

Impreso en Estados Unidos - Printed in USA

© 2020 por Max Hebeling
Categoría: Religión/Espiritualidad

REINO
EDITORIAL

E-mail: info.editorialreino@gmail.com
Tel: +1 (956) 509 5558
San Diego, California 91910 USA

La misión de Reino Editorial consiste en proporcionar productos de calidad – con integridad y excelencia -, desde una perspectiva bíblica y confiable, que animen a las personas a conocer y servir a Jesucristo.

DEDICATORIA

En primer lugar dedico mi libro al **ESPÍRITU SANTO**, quien me ha guiado e inspirado incondicionalmente, el amado de mi vida, quien con experiencias diferentes me ha enseñado a ser fiel con lo que al Padre le pertenece. Mi amigo y compañero de cada viaje, cada agenda y cada paso en la vida. Quien me ha transformado y lo sigue haciendo sobrenaturalmente.

A mi esposa **Graciela** por tantas noches desvelándome, y ella apoyándome incondicionalmente en el proyecto y animándome a dar todo de mi... Te amo; a mi pequeño hijo **Johann** a quien amo con locura por enseñarme a vivir activado en Dios.

A mis padres espirituales el Apóstol **Jorge Pompa** y la Profeta **Ivonne Pompa** por su paternidad que tanto nos ha madurado, enseñado y transicionado a nuevos tiempos; los amo y honro con todo mi corazón y con ellos a la familia Ministerio Internacional "Fuente de Vida".

A cada **hijo espiritual** en nuestro ministerio y a la Red Apostólica Reino y Avivamiento en las naciones, por ser para mi una inspiración y unos de los regalos mas apreciados que Dios me ha confiado en el ministerio.

ÍNDICE

INTRODUCCIÓN

Hablar de dimensiones puede dar a pensar que estamos refiriéndonos a algo extrasensorial o fuera de un ámbito cristiano; sin embargo, esto no es así. Una dimensión, según el diccionario enciclopédico es: Tamaño o extensión de una cosa, en una o varias magnitudes, por las cuales ocupa mayor o menor espacio.

Esto indica, que en la atmosfera espiritual, dimensión es el tamaño y magnitud sobrenatural con el que un cristiano puede desarrollarse, cumplir su propósito y ejercer la asignación con la que a sido enviado a la tierra desde el diseño original de Dios. Según la magnitud de la vida del cristiano, es la dimensión en la que podrá operar en el poder sobrenatural de Dios.

Nadie puede abarcar lo que no ha experimentado y nadie puede pesar espiritualmente lo que no ha conquistado. La palabra de Dios habla de dimensiones, y obviamente quiero referirme al hombre mas ungido e ilimitado en poder, Jesús de Nazaret; el hijo de Dios y salvador de mi vida. Las escrituras, aun antes de su nacimiento, revelan la dimensión en la que operaría trayendo del cielo el Reino de su Padre; el sistema de gobierno mas poderoso que jamás a existido sobre la tierra. Cristo, lo trajo y lo estableció, fundamentándolo a través de la administración de cinco ministerios y sobre una plataforma inquebrantable llamada Iglesia.

Cuando el Padre determinó que Jesús viniera a la tierra, la Biblia dice que dejo su forma o sea, dejo su dimensión la cual ocupaba como Dios 6 el cual, siendo en forma de Dios, no estimó el ser igual a Dios como cosa a que aferrarse, 7 sino que se despojó a sí mismo, tomando forma de siervo, hecho semejante a los hombres (Filipenses 2:6-7 RV 1960). Esto habla de una cambio terrible de dimensión. De espíritu a carne; de Dios a hombre.

Esto no indica que dejo de ser Dios, sino que se movió en lo sobrenatural como hombre por eso tuvo que ser ungido por el Padre El Espíritu del Señor está sobre mí, Por cuanto me ha ungido para dar buenas nuevas a los pobres; Me ha enviado a sanar a los quebrantados de corazón; A pregonar libertad a los cautivos, Y vista a los ciegos; A poner en libertad a los oprimidos (Lucas 4:18 RV 1960). Este ungimiento lo recibió conforme a la dimensión en la que operaria de predicación, milagros y liberaciones.

La dimensión espiritual abarca tres magnitudes o atmosferas: la fe, el poder y la Gloria; cada una de ellas nos es entregada a los hijos de Dios en una medida, la cual podríamos llamar estándar. Todo ser humano, tiene la oportunidad de ejercer, vivir y desarrollar estas tres atmosferas en la medida que las haga crecer y expandir. Cada una de ellas, es como un músculo que debe ser ejercitado para crecer. La fe sin obra es muerta, la unción sin uso se muere y la gloria sin intimidad no se manifiesta.

En este libro, veremos como el poder de la transformación imparte y establece la dimensión en la que debemos caminar y operar. Nadie que no haya sufrido un encuentro con el Espíritu Santo tiene una dimensión espiritual; ya que un encuentro poderoso nos convierte en lo que debemos ser realmente y nos da acceso legal a Dimensiones de Transformación.

Cuando hablamos de dimensión, de fe, poder y Gloria tenemos que enfocarnos en cada etapa del cristiano en sus dones y/o ministerios, como también en los principios de la ley de Dios. Cada etapa es consecutiva, una lleva a la otra y todas juntas nos catapultan a conocer, entender, practicar y cumplir con la voluntad de Dios; la cual es expresada por mandamientos, estatutos y leyes divinas.

Cuando hablamos literal de la Fe, entendemos que es la habilidad que tenemos de Dios para creer en Él mismo y en todo lo que su Palabra promete; esta es indefectible, ya que sin ella es imposible agradar a Dios. Nadie puede creer en Dios sin una fe divina, porque una fe natural no podría creer en alguien sobrenatural. Entonces nuestra fe, es una fe sobrenatural que cada uno debe hacer crecer en la medida que avanza y ejerce su vida espiritual. Para todo, la fe es una herramienta poderosa. Tenemos que usarla, tenemos que ejecutarla.

Cuando la usamos correctamente, la fe despertará y activará los dones y el llamado de Dios en nosotros. La fe sobrenatural lleva consigo el designio de llevarnos a conquistar lo que esta en el cielo establecido para todos los hombres. Nadie puede agradar a Dios sin fe; es como intentar amar sin amor o querer sin sentimientos. La fe es la conexión mas segura al Reino de Dios y el poder mas accesible a sus secretos. Jesús camino en fe, no creyendo en si mismo, sino en los mandamientos de su Padre acerca de su asignación. Cristo camino, creyendo que a los que había elegido, les daría la suficiente suministro de fe en los años de discipulado como en los tiempos del ejercicio de sus comisiones. Este tipo de fe, es el que lleva al poder. Una fe sobrenatural, lleva al poder sobrenatural, ya que no habrá limites en la credibilidad.

Todo lo que Jesús hizo en predicación, milagros y liberaciones, estaba de antemano aprobado por la fe en su Padre.

Esto indica que conforme hemos sido llamados, es como somos empoderados por el Espíritu Santo; pero para que esto fluya todo empieza por la fe. Creemos que Dios nos llamo, que nos comisionó y nos quiere usar, entonces desde allí podremos pensar que hemos pasado al paso siguiente después de la fe que es el poder. La dimensión del poder lleva consigo un sin fin de revelaciones, acciones y ministraciones de parte del Padre para con sus siervos y aquellos que anhelan el ministerio en cualquiera de su expresión.

El poder es lo que hace verdadero cualquier llamado, don y aun el mismo evangelio. El poder hace la diferencia. Las palabras pueden ser juzgadas, comparadas y anuladas si se quisiera por cualquier pensamiento socio religioso, pero el poder jamás podrá ser medido o comparado. Lo que se logra con poder, mas bien despertara curiosidad y posiblemente envidia, pero jamás podrá ser contradicho.

Cuando operamos en la dimensión del poder estamos operando en la dimensión de la realidad indiscutible (milagros, señales, prodigios y liberaciones). Esto nos hace diferentes a la religiones y creencias del resto del mundo. El poder hizo radicalmente diferente el ministerio de Cristo y el de los apóstoles al resto de muchos iconos religiosos contemporáneos. Es allí donde radica la diferencia; no solo en un evangelio Cristo céntrico, sino en un evangelio con evidencias claras y tangibles del poder sobrenatural del Espíritu Santo manifestado por medio de los Santos.

Por eso, una dimensión es una medida, la fe y el poder son medidas otorgadas para manifestar el verdadero evangelio y revelar el poderoso rostro de Dios. Cuando una persona camina en estas dimisiones, entonces su vida expone y revela continuamente la imagen visible de un Dios invisible.

La dimensión espiritual de fe y poder, son manifestadas por la medida que nos es otorgada, pero en la dimensión de la Gloria, es allí donde la intervención humana sobra y no es necesaria. La Gloria de Dios es el mismo hábitat de Él, es su luz poderosa manifestándose en la dimensión de la tierra. La fe es activada por nosotros, al igual que el poder a causa de la medida que se nos confió; pero la Gloria es la intervención única y absoluta de Dios en momentos sobrenaturales. Cuando la gloria de Dios esta manifestándose, allí puede suceder cualquier cosa, ya que no depende del hombre sino de Dios mismo en persona.

Cada uno de nosotros, debe crecer y desarrollarse al punto de crecer en estas tres atmosferas sobrenaturales y vivir en la dimensión de la presencia de Dios. Para esto es importante retomar el siguiente concepto. Cada vez que obedecemos un mandamiento o ley de Dios, estamos llevando nuestra vida a esa dimensión. Creemos, ejecutamos poder y anhelamos su Gloria en cada ordenanza divina.

Cualquiera de los principios de Dios, tiene el poder de dimensionarnos. Veamos un ejemplo acerca de esto. Acontecerá que si oyeres atentamente la voz de Jehová tu Dios, para guardar y poner por obra todos sus mandamientos que yo te prescribo hoy, también Jehová tu Dios te exaltará sobre todas las naciones de la tierra. 2 Y vendrán sobre ti todas estas bendiciones, y te alcanzarán, si oyeres la voz de Jehová tu Dios. (Deuteronomio 28:1-2 RV 1960).

Aquí vemos algo si oyeres atentamente la voz de Jehová tu Dios, para guardar y poner por obra esto habla de un requisito para ser dimensionado ¿Que mas dice? Y vendrán sobre ti todas estas bendiciones, y te alcanzarán esto indica claramente que el poner por obra un principio, nos transiciona a una dimensión de cumplimiento, crecimiento y bendición.

CAPÍTULO 1

3 TIPOS DE ARREPENTIIENTO

1

Trataremos con la mayor intensidad posible, este tema de alta importancia y necesidad. La Biblia afronta todos los temas más relevantes del ser humano, y más aún tratándose de la relación interpersonal entre la persona y su Dios Creador. En este capitulo hablaremos de tres tipos de arrepentimiento que comúnmente se dan entre las personas.

Arrepentimiento, en el ámbito espiritual, significa "cambio de mente" e implica un cambio de perspectiva respecto al pasado, y una evaluación general de muchas cosas hechas previamente, lo que conlleva a la comprensión de la responsabilidad personal y el reconocimiento de haber hecho algo mal. En el mismo sentido, se suelen considerar la necesidad de un cambio de conducta, de actitud, de orientación y de dirección como indicios de un arrepentimiento verdadero.

En el A.T: El término es "nacham" que significa "cambiar de parecer", mientras que "shub" significa "volverse" o "retornar" de un mal camino pecaminoso. En el N T: El término es 'metanoia' y significa un cambio moral radical en el modo de creer y en el modo de actuar.

Definitivamente, arrepentimiento tiene que ver con cambios. La Biblia es un manual de promesas que Dios hace

15

al hombre, para vivir convenientemente y en la verdad; y si cambia pueda gozar de una vida plena al modelo y propósito de Dios.

Como todo diseño divino, en la mayoría de los casos se interpreta incorrectamente, por lo tanto, **se aleja de la realidad la persona que no lo practica correctamente**.

Entonces arrepentimiento es sinónimo de cambio, transformación, nuevos tiempos, cambio de "status" espiritual, moral y humano. Aunque suena fácil a simple lectura, no es tan así, ya que hacer un cambio es entender que **todo lo que nos rodea ha de ser afectado**. Al hablar de arrepentimiento entonces no podemos dejar de lado la palabra cambio. Éste se origina cuando se entiende una necesidad del mismo. No hay cambio si no hay entendimiento. No hay cambio si no se reconoce la necesidad. No hay cambio si no hay decisiones. Dijimos que hablaríamos de tres tipos o clases de arrepentimiento y, debemos profundizar en cada uno de ellos.

Arrepentimiento tipo 1

Este tipo de arrepentimiento tiene que ver con aquellas situaciones que **forzosamente hacen o provocan que las personas se arrepientan**. Quiero poner aquí unos ejemplos:

Una persona que tiene el síndrome del sida por mantener relaciones sexuales inapropiadas y está arrepentida/o por lo que hizo porque no puede volver atrás su situación. Alguien que está en la cárcel, por una noche de descontrol alcohólico y atropelló a un individuo. Una persona que no aprovechó la edad y el tiempo para estudiar cuando las condiciones estaban dadas. Alguien que no tomó una decisión a tiempo y perdió una gran oportunidad en su vida que pasó sólo una vez. Este tipo de arrepentimiento parece ser obvio o lógico, pero no lo es. Es un arrepentimiento porque la situación puede que no haya manera de resolver o recuperar;

3 Tipos de Arrepentimiento

es un arrepentimiento que no tiene fundamento en una decisión (la determinación puede abarcar otras cuestiones e incluye a la decisión pero no es lo único), sino en un suceso La Biblia, es muy amplia en esto ya que el arrepentimiento que provoca cambios, es la llave a las más grandes maravillas y bendiciones de Dios; pero si no se lo asume y practica como debe ser, entonces la bendición no llega a la vida de los cristianos.

Veamos que nos dice Jesús al respecto "Desde entonces comenzó Jesús a predicar, y a decir: Arrepentíos, porque el Reino de los Cielos se ha acercado" Mt. 4:17-R.V.1960. Éste es unos de los versículos que nos revelan que el arrepentimiento es una demanda del Cielo a través de su gobierno, que es el Reino de Dios. Nadie puede pretender estar en el Reino de Dios, ha menos que esté arrepentido genuina y completamente. Dos cosas quiero denotar aquí. La primera, es que Jesús se refiere a un arrepentimiento total respecto a los pecados que cada uno tiene y comete a menudo. Segundo, Jesús también se refiere a los hábitos o estilos de vida que cada uno elige y vivencia, que en algunos casos están naturalizados como parte de su cultura, de lo que vio y aprendió, de lo que le enseñaron como manera de enfrentar situaciones.

Mire lo que nos dice el profeta Ezequiel 18:21 RV 1960: "Más el impío, si se apartare de todos sus pecados que hizo, y guardare todas mis ordenanzas, e hiciere juicio y justicia, de cierto vivirá, no morirá". Entonces el verdadero arrepentimiento, no es a causa de algo que ya no puedo modificar sino por un cambio de vida a futuro. El Reino de Dios demanda cambios para mantener una vida de arrepentimiento genuino.

Arrepentimiento Tipo 2

Este tipo de arrepentimiento tiene que ver con aquellas

situaciones que nos provocan **temor a las consecuencias, al castigo o al infierno.**

Quiero poner aquí unos ejemplos: *"No voy a ir a tal lugar, porque si alguien se entera me criticará".* *"No voy a usar pornografía porque la sociedad de mi ciudad no valida que un cristiano la use y qué van a pensar o decir, me van a excomulgar".* *"Voy a someterme para que no me castiguen".* Claro que a simple vista esto parece correcto, pero le invito a analizarlo. Cuando las personas piensan de esta manera entonces manifiestan un egoísmo casi encubierto.

No voy a ir a tal lugar, porque si alguien se entera me criticará. Aquí podemos ver que muchas personas están teóricamente arrepentidas porque no quieren ciertas consecuencias como la crítica. Entonces dicen: no voy porque me criticarán, pero debieran decir "no voy porque no es correcto y/o conveniente que vaya a tal lugar"; si por alguna razón lo hicieron se arrepienten para tratar de evitar la consecuencia, más no por lo correcto. **1 Corintios 10:23 RV 1960 dice: "Todo me es lícito pero no todo me conviene".**

No voy a PECAR porque Dios me va a mandar al infierno. Aquí podemos ver que muchas personas temen pecar sólo por el temor de ser echados al infierno el día que pasen a la eternidad. Entonces dicen: *no pecaré, no haré nada indebido porque Dios me castigará y como consecuencia mi destino final será el infierno.*

Voy a someterme para que no me castiguen. Ésta es otra manera que muchos creen que pueden estar arrepentidos, pero no es así.

Arrepentimiento Tipo 3

Este tipo de arrepentimiento es el genuino y bíblico totalmente, porque tiene que ver con **el que se arrepiente genuinamente por no desagradar a Dios y mantener su**

vida en Sus manos. Quiero poner aquí unos ejemplos: *"Me aparto y resisto al pecado, para no desagradar al Señor"*. *"No me mezclo con lo del mundo, para no ofender a Dios mismo"*. *"Prefiero ser abandonado por todos que perder la comunión con Dios"*. 2 Crónicas 7:14 RV1960. Si se humillare mi pueblo, sobre los cuales mi nombre es invocado, y oraren, y buscaren mi rostro, y se convirtieren de sus malos caminos, entonces yo oiré desde los cielos, y perdonaré sus pecados, y sanaré su tierra.

Esto es totalmente diferente a los Arrepentimientos Tipo 1 y 2. Aquí vemos a Dios mismo hablando del asunto y explicando cuál es el verdadero arrepentimiento. Lo peor que le puede pasar a un ser humano, es que pecando pierde la relación con Dios.

La historia del Edén es un vivo reflejo de esto: *"Y lo sacó Jehová del huerto del Edén, para que labrase la tierra de que fue tomado. Echó, pues, fuera al hombre, y puso al oriente del huerto de Edén querubines, y una espada encendida que se revolvía por todos lados, para guardar el camino del árbol de la vida"*. Génesis 3:23 – 24 Dios sacó a Adán y Eva del huerto porque era un lugar santo de encuentro e intimidad. El Edén era el único lugar donde Dios se paseaba en un perímetro geográfico hablando con el ser humano. El pecado sacó de allí al hombre y a la mujer; allí se perdió la intimidad, la pureza y la relación. El pecado es lo único que corta esa relación tan poderosa con Dios. Es por eso que debemos reflexionar seriamente con las cuestiones del pecado. Entonces entendamos lo siguiente: el verdadero arrepentimiento ni siquiera tiene que ver con nosotros mismos, sino con Dios y nosotros.

Déjeme revelar convenientemente. Si vivo una vida de pecado, entonces vivo ofendiendo a Dios. El pecado ofende a Dios; pero la consecuencia del pecado me destruye a mí. Es como una línea inevitable de escapar.

Mientras sostenga el pecado en mi vida, mantendré mi

relación con Dios destruida y desconectada totalmente; estaremos ofendiendo a Dios con lo mínimo o máximo que hagamos, porque estamos en pecado. El pecado ofende directamente a Dios. El pecado va en contra de Dios y después en contra de nosotros. La consecuencia del pecado, es la que nos afecta a nosotros directamente. El apóstol Pablo fue claro en este asunto "*Porque la paga del pecado es muerte, mas la dádiva de Dios es vida eterna en Cristo Jesús Señor nuestro*". Romanos 6:23

CAPÍTULO 2
STATUS DEL CORAZÓN

2

La Biblia, es una biblioteca de temas que contiene todo lo necesario para que el ser humano viva bajo una cultura de Reino y una paz interior. Nadie puede conseguir paz, a menos que su corazón este completamente sano, libre y sin ninguna huella doliente del pasado.

Para eso, en este capitulo vamos a tratar con esta área tan importante. El arrepentimiento verdadero; es el único método válido para alcanzar perdón y la misericordia delante del Padre. Esa acción de fe, hizo que nuestra incredulidad pecaminosa, nos haya soltado para siempre y el Espíritu del Señor edifique día a día una fe indestructible contra todo dardo infernal. No obstante, es inevitable detenernos a tratar con un área que es muy delicada y esencial... nuestro corazón.

En algunas interpretaciones en la Palabra de Dios, la palabra corazón se la valora como "*espíritu*" o como la "*persona en si mismo*". En 1 Samuel 16:7-R.V.1960, leemos lo siguiente: "*Y Jehová respondió a Samuel: No mires a su parecer, ni a lo grande de su estatura, porque yo lo desecho; porque Jehová no mira lo que mira el hombre; pues el hombre mira lo que está delante de sus ojos, pero Jehová mira el corazón.".* ¿Piensas tú que según este pasaje Dios puede mirar el "órgano biológico" que bombea la sangre en nuestro cuerpo?

Aunque hay pasajes bíblicos que pueden hablar del corazón como el órgano biológico indispensable para la vida física (Génesis 18:4,5 -RV 1960 y Levítico 17:11- RV 1960); la mayoría de las veces que encontramos el término "corazón" en la Biblia, no se refiere al órgano biológico que bombea la sangre en nuestro cuerpo. Cuando la Biblia habla del "corazón" se está refiriendo al interior de una persona.

El corazón, pues, **es quien es realmente la persona** (Proverbios 23:7ª RV 1960) *Porque como es su pensamiento en su corazón, tal es él.* Es en el corazón, la parte interna de una persona, donde:

Se piensa: "*Entonces Abraham se postró sobre su rostro y se rio, y dijo en su corazón: ¿A un hombre de cien años le nacerá un hijo? ¿Y Sara, que tiene noventa años, concebirá?*" (Gn. 17:17); "*no traméis en vuestro corazón el mal uno contra otro, ni améis el juramento falso; porque todas estas cosas son las que odio*" (Zac. 8:17).

Se medita y se reflexiona: "*Ninguno reflexiona; no tienen conocimiento ni inteligencia para decir: He quemado la mitad en el fuego, y también he cocido pan sobre sus brasas. He asado carne y la he comido; y del resto ¿haré una abominación? ¿Me postraré ante un pedazo de madera?*" (Is. 44:19- R.V. 1960); "*Pero María atesoraba todas estas cosas, reflexionando sobre ellas en su corazón*" (Lc. 2:19-R.V.1960).

Se asientan las emociones: "*Y su corazón se entusiasmó en los caminos del SEÑOR, y además quitó de Judá los lugares altos y las Aseras*" (2 Cr. 17:6-R.V. 1960); "*he aquí, mis siervos darán gritos de júbilo con corazón alegre, mas vosotros clamaréis con corazón triste, y con espíritu quebrantado gemiréis*" (Is. 65:4-R.V.1960); "*No se turbe vuestro corazón;*

creed en Dios, creed también en mí" (Jn. 14:1-R.V.1960).

Se motivan nuestras actividades: "*Entonces llamó Moisés, a Bezaleel y a Aholiab y a toda persona hábil en quien el SEÑOR había puesto sabiduría, y a todo aquel cuyo corazón le impulsaba a venir a la obra para hacerla*" (Ex. 36:2-R.V.1960); "*Disponed ahora vuestro corazón y vuestra alma para buscar al SEÑOR vuestro Dios; levantaos, pues, y edificad el santuario del SEÑOR Dios, para que traigáis el arca del pacto del SEÑOR y los utensilios sagrados de Dios a la casa que se ha de edificar para el nombre del SEÑOR*" (1 Cr. 22:19-R.V.1960).

La Biblia también nos dice que es del corazón que sale el pecado, esto lo vemos en el relato de Génesis 6:5 (R.V. 1960): "*Y vio Jehová que la maldad de los hombres era mucha en la tierra, y que todo designio de los pensamientos del corazón de ellos era de continuo solamente el mal*".

En palabras del mismo Jesús: "*Porque de dentro, del corazón de los hombres, salen los malos pensamientos, los adulterios, las fornicaciones, los homicidios, los hurtos, las avaricias, las maldades, el engaño, la lascivia, la envidia, la maledicencia, la soberbia, la insensatez. Todas estas maldades de dentro salen, y contaminan al hombre.*" (Marcos. 7:21-23 –R.V. 1960). Pero, esto no es todo lo que nos dice la Biblia. La Biblia también nos dice que Dios perdona todos los pecados (Jer. 31:34- R.V. 1960) y cambia el corazón (Ez. 36:26- R.V. 1960).

"*El sacrificio que te agrada es un espíritu quebrantado; tú, oh Dios, no desprecias al corazón quebrantado y arrepentido*". (Salmos 51:17- NVI). "*Las ofrendas a Dios son un espíritu dolido; ¡tú no desprecias, oh Dios, un corazón hecho pedazos!*". (Salmos 51:17 -DHH).

Esta es una de las porciones bíblicas, que la mayoría de los cristianos actuales saben recitar de memoria y poco practican; por la sencilla razón que poco se entiende del asunto. Las tres traducciones, son poderosas y desafiantes; pero la tercera es sin igual. Un corazón hecho pedazos no necesariamente es un corazón herido, sino un corazón que ha sido procesado entendiendo su "status" y anhelando otro.

Un corazón herido por las distintas circunstancias de la vida.

Muchos confunden un corazón quebrantado o listo para ser transformado por Dios con un corazón herido. El corazón herido está infectado y dolido sin la posibilidad de ser cambiado, a menos que primero sea sanado. Las heridas del alma han marcado el corazón a fuego, tanto que pareciera no tener la posibilidad de cambiar jamás.

Muchos cargan heridas del pasado y se preguntan porqué no son libres. Muchos acuden a consejerías pastorales, psicólogos y demás, para buscar la manera de no seguir padeciendo los síntomas de un corazón así. ¿Por qué sucede esto? Es porque esas personas aún no han sido quebrantadas.

Por experiencia personal, he ministrado a muchos que tienen la responsabilidad de atender, orar, asistir y hasta pastorear a personas y lo hacen cargando un dolor o una mala experiencia no resuelta y déjeme decirle que una persona herida ministrará desde su dolor y sus heridas. Ahora, esto afecta y trasciende todos los aspectos de la vida. En cualquier área que sea, una herida en el corazón (espíritu y ser interior) va a entorpecer las relaciones, el desempeño, la comunicación y las relaciones interpersonales. Si usted ha sido herido, usted necesita ser sanado.

Y para ser sanado usted debe rendirse; ya que no hay peor cosa que pueda pasarnos que "***querer permanecer heridos***". Una persona con amargura en su corazón, literalmente destila veneno por sus heridas, atraviesa a los demás con sus palabras llenas de odio, perfora, es punzante como un cuchillo y sobre todo, su sabor es amargo porque los frutos de esa terrible raíz (raíz es un órgano vegetal de las plantas superiores, que sirve para alimentar todo el árbol; según la sabia de la raíz, es el fruto del árbol) son las enemistades, pleitos, celos, iras, contiendas, disensiones, maledicencias, envidias, hipocresías, venganzas, malos pensamientos y malos deseos.

Ante todo esto, el sabio da un hermoso consejo: *Sobre toda cosa guardada, guarda tu corazón; porque de él mana la vida* (Proverbios 4.23- R.V. 1960). La amargura aprovecha los momentos de dolor para introducirse y arraigarse en el corazón. Los momentos más difíciles, son los más propicios para que la amargura encuentre una grieta para hacer su nido y echar sus raíces. Alguien dijo: *"es mejor prevenir que lamentar"*. Es mejor prevenir que buscar la medicina para curar la herida. Es así con la amargura y otras heridas del corazón, es mejor cuidarlo para no permitirle que sea dañado.

¿Cómo guardar el corazón cuando se es víctima de una herida?

Hay cosas que suceden sin el consentimiento de la persona. **¡El único camino es el perdón!** Hay cuatro cosas que debemos hacer de una manera inmediata para que raíces malas no encuentren un lugar en nuestro corazón.

No busquemos venganza. El consejo del apóstol Pablo a sus discípulos de Roma es útil también para nosotros en este tiempo: *No paguéis a nadie mal por mal; procurad lo bueno delante de todos los hombres* (Romanos 12.17-r.v.1960).

No debemos tomar la venganza en nuestra mano, Dios es nuestro juez y nuestra justicia.

Actuar con misericordia y soltar el perdón. Es difícil amar a quien te hace daño, nadie dice que es fácil actuar con cordura en momentos de dolor y angustia, pero es necesario expresar misericordia para poder soltar el perdón al agresor.

No solo lo hacemos por el bien del malhechor sino de nosotros mismos. *31 Quítense de vosotros toda amargura, enojo, ira, gritería y maledicencia, y toda malicia. 32 Antes sed benignos unos con otros, misericordiosos, perdonándoos unos a otros, como Dios también os perdonó a vosotros en Cristo* (Efesios 4.31-32-R.V.1960).

Esperemos en Dios, no en los demás. Cuando somos heridos normalmente esperamos, como víctimas, que el malhechor regrese a pedir perdón y a restituir; cuando ése momento no llega, viene la frustración y el deseo de venganza. ¡Dejemos las cosas en las manos de Dios y no esperemos nada del agresor!

Soltemos el perdón. Pidamos a Dios que selle la herida y que nos ayude a olvidar las situaciones de dolor. Esforcémonos a olvidar el pasado y enfoquémonos al futuro, veamos a los agresores como gente necesitada de Dios; con compasión y misericordia, pidamos el bien de Dios para ellos.

Un corazón que ha sido quebrantado para un propósito

Aquí vamos a encontrar definitivamente la diferencia de un corazón herido y un corazón quebrantado. **El corazón quebrantado no se resiste al cambio.** Cuando se habla con alguien herido, a menos que manifieste el perdón, esa persona no quiere cambios y su resistencia es inamovible.

Hay situaciones que son casi inexplicables por donde todo ser humano pasa, pero cuando se entienden cada una se ellas y se enfrentan entonces podremos ser quebrantados. Cuando algo así llega o se presenta y su corazón está en quebranto, usted está listo para moverse a otra dimensión y no le importa lo que cueste, usted no luchará con él. Muchas de las veces o la mayoría, cuando no entendemos que ciertas situaciones no vienen por parte del diablo, sino que Dios las permite tendremos la tendencia de resistirnos

28

a ella como a un peor enemigo. Sin embargo, Dios tendrá paciencia en darnos tiempo para comprender, que él nos está llevando a un quebranto para tratar seriamente con el corazón, con nuestro ser interior. Más de una vez, seguramente hemos llegado a decir: "ya no puedo más" o "ya no soporto esta situación" es ahí, cuando una persona toca fondo está y entonces lista para someterse a Dios.

¿Qué es entonces un corazón quebrantado?

Un corazón quebrantado es un corazón que se ha rendido completamente a pesar de todas las situaciones y ha decidido continuar los próximos pasos sometido a Dios. Un corazón quebrantado es humilde; tiene la apertura de escuchar, recibir consejos, no oponerse y dar lugar a ser tratado. Un corazón quebrantado es uno que ha cedido ante Dios. En otras palabras, lo que hace a un verdadero quebrantamiento es que usted sea maduro en renunciar a sus derechos y razones, para que Dios mediante su Espíritu pueda llevar a cabo el proceso que necesita. Cuando usted va al médico, indirectamente se está poniendo en manos de él para que trabaje en su situación de salud; de igual manera sucede con el corazón, necesita usted someterse y rendirse a Dios para ser dimensionado a una nueva temporada espiritual.

El Propósito del Quebrantamiento

Cuando Dios quiere quebrantarnos, es porque Él está mirando algo que nosotros no vemos. Nuestro futuro está compuesto por muchas manifestaciones y resultados sobrenaturales, tanto que Dios nos procesa para caminar en el "cómo debe ser". El futuro grande que le han profetizado o Dios mismo le ha mostrado, depende de lo que usted deje que el Señor quebrante. Dios no sólo ve la crisis que estamos pasando, sino que ve el propósito. Entonces ¿Lo que me sucede puede estar relacionado con mi futuro en los planes de

Dios? ¡Si, Totalmente! Y como Dios todo lo sabe, Él espera que los procesos del corazón provean a cada uno de nosotros la madurez suficiente para caminar en dependencia, obediencia y temor en tiempos de cumplimientos.

La transformación, es otro resultado de ser quebrantados. El versículo base, nos decía que Dios no rechaza ni desprecia un corazón en quebranto; entonces la pregunta es: ¿Estamos quebrantados al ir delante del Señor? o ¿Sólo estamos heridos? Así que no se queje de su crisis, porque sólo es un escalón para su propósito y transformación. Pero como en todo lo que Dios hace, Él pone sus condiciones para asegurar que es Él quien está al mando y la condición para que Dios sane su dolor es que usted esté completamente quebrantado. Si, ¡Completamente quebrantado! No es fácil renunciar a los derechos o razones que nos tienen en cierta situación; no es fácil reconocer sencillamente que debemos ceder a estas cosas. La palabra "ceder" significa renunciar a sus derechos, a sus razones y morir a sí mismo. Es aquí donde muchos cristianos se quedan estancados por mucho tiempo.

Independientemente de quién le hizo daño o de lo que le haya ocurrido, renuncie a sus derechos y dele el mando al Señor. Algunos derechos verdaderamente son legítimos, pero cuando usted se rinde a Él, usted está dispuesto a renunciar a sus derechos. El nivel o medida de rendición, será la medida en que Dios pueda procesar su ser interior, espíritu o corazón… como mejor guste llamarlo!

Dios le está pidiendo que renuncie a sus derechos y le permita hacerse cargo de los errores. Cuando su corazón está quebrantado le resulta fácil renunciar a sus derechos. ¿Por qué? Porque ha entendido que Dios está ¡TRABAJANDO! Muchos cristianos no quieren hacer esto porque son egoístas. Cuando usted es quebrantado es fácil morir a sí mismo y a su ego, aún cuando tenga la razón.

CAPÍTULO 3
DESIERTO... DIMENSIÓN DEL DISCÍPULO

3

Quien no quisiera pertenecer al grupo de discípulos que Jesús tuvo entre los doce que llamó. Quien no quisiera haber tenido la gran experiencia de que el Maestro sea su instructor directamente. La verdad es que, si hubiéramos tenido la oportunidad, seria algo inigualable. Sin embargo, Dios nos hizo nacer en esta época, donde el verdadero concepto de discipulado esta renaciendo y restaurándose.

A veces, la palabra discípulo se la interpreta como alguien que sólo sigue a Cristo, que sólo aprende de Él y que queda limitada a ser un buen cristiano; aunque eso es parte de ser un discípulo, esto no lo es todo. Veamos que nos dice el diccionario sobre el significado de ser un discípulo, para poder desde un comienzo de este capitulo, entender la profundidad.

Un **discípulo** es, en general, el **aprendiz** o **alumno** de un maestro. Más específicamente, el término «discípulo» puede referirse a cada uno de los seguidores (especialmente los iniciales) del fundador de una religión. Si un discípulo es un aprendiz y/o alumno, entonces un discipulado es un aprendizaje y enseñanza que forma, capacita, entrena y activa un discípulo. Cuando Jesús llamo a los doce discípulos, quienes fueron después sus doce apóstoles exactamente, desarrolló este concepto con ellos.

Veamos cómo lo expone el recaudador de impuestos más privilegiado de los tiempos "*Y les dijo: Venid en pos de mí, y os haré pescadores de hombres*". (Mateo 4:19 RV 1960). Ese llamado obviamente cambio la vida de esos hombres por completo. Cuando una persona es llamada al ministerio y a los negocios del Padre, tiene que saber de antemano que sus primeros pasos como obediencia a ese llamado, serán dados por medio de un discipulado. **Podríamos añadir a este concepto, que discipulado es un proceso que viviremos por medio de formación, capacitación, entrenamiento y activación.**

Analicemos un poquito el versículo recién leído. Jesús dijo algo que muy pocos descubren, al momento de leerlo y solo quedan con lo captado a simple lectura. El Maestro expuso esto así: "*Venid en pos de mí*" esto literalmente y bajo revelación tiene un poder indiscutible significa "*sígueme al PROPÓSITO por el cual vine, no sólo me sigas a mi.* ¿Qué sentido hubiera tenido que los discípulos siguieran fielmente a Jesús, sino lo hubieran hecho por cumplir juntamente su propósito? Esto es algo que debemos nosotros escudriñar en nuestras propias vidas.

No debiéramos seguir a Jesús sólo por llamarnos "Cristianos" o por no ser condenados a una eternidad sin Él; sino mejor seguirlo en todo plan divino y propósito eterno. Esto provocará un verdadero discipulado, y formará a un gran aprendiz. El tiempo de aprendizaje no sólo es una acumulación de información para saber y/o conocer, sino que un verdadero discípulo toma cuatro porciones de su maestro.

ADN. El **ácido desoxirribonucleico**, abreviado como **ADN**, es un ácido nucleico que contiene las instrucciones genéticas usadas en el desarrollo y funcionamiento de todos los organismos vivos conocidos y algunos virus, y es responsable de su transmisión hereditaria. La función principal de la molécula de ADN es el almacenamiento a largo plazo de información. Según esto, entonces el ADN es un vehículo que transporta información clasificada de una generación a otra en forma hereditaria. Si vemos esto con cuidado, entenderemos que transicionando esto a la dimensión espiritual, podremos decir que un ADN espiritual es quien transporta lo que espiritualmente el maestro carga sobre el discípulo.

En varios casos, muchos discípulos funcionan y desarrollan sus dones y/o ministerios de una manera casi igual a su maestro; cosas sencillas como maneras de predicar, hablar, orar, ministrar, etc. son manifestadas sin la intención del discípulo dado que en su espíritu carga un ADN heredado mediante la palabra, la impartición y la activación. Hay ejemplos en la palabra como Elías y Eliseo, Pablo y Timoteo, Jesús y los doce apóstoles.

PODER. Una de las cosas que caracterizó a los discípulos de Jesús, fue el poder que les fue impartido estando con Él y cuando fueron investidos por el Espíritu Santo. El mismo maestro les había prometido que esto sucedería si esperaban unos días en Jerusalén. El evangelio de poder es el único evangelio que Jesús como maestro predicó y manifestó; incluso el apóstol Pablo dijo "*Porque no me avergüenzo del evangelio, porque es poder de Dios para salvación a todo aquel que cree...*" (Romanos 1:16 RV 1960).

Esto indica claramente, que un discipulado debe empoderar y activar un discípulo. Si hablamos obviamente de discípulos de Cristo, entonces debemos tener en cuenta que tanto en el maestro como en el aprendiz debe haber PODER. Cuando Pablo dice poder de Dios, nos está enseñando que si se predica un evangelio de poder, se manifiesta como tal.

IMAGEN Y REPRESENTATIVIDAD. Así como en lo espiritual y genético el ADN transporta información clasificada para su uso correcto, una de las áreas que es trabajada y pulida fuertemente en la vida del discípulo es su imagen. Esto no solo tiene que ver con lo exterior, sino con su manera de ser ya que estar bajo un proceso de entrenamiento, su sentido de pertenencia será forjado al punto de verse bien por causa de lo que está recibiendo.

Mientras más entiende su formación, más entiende el peso y responsabilidad que significa en un futuro no lejano la aprobación. Por ejemplo, cuando la Palabra revela a Cristo como El Verbo hecho carne, está exponiendo a Cristo como la única y perfecta imagen de Dios. Eso lo hace el Salvador del mundo, quien representó en la tierra al mismo Dios Padre.

Nosotros como Iglesia e hijos de Dios, debemos ser en la tierra *"la imagen visible de un Dios invisible"*. Esa frase tan repetida y usada, es un tremendo peso de responsabilidad y representatividad. Que triste es, llegar a lugares donde algunas familias o personas, salieron despavoridas de algunas congregaciones, porque no encontraron allí la representatividad de un Dios invisible, ni consecuentemente su imagen en la vida y testimonios de sus congregantes.

Vamos a tomar una porción de las Escrituras, partiendo de dos interpretaciones para una mejor exegesis (interpretación bíblica).

«Entonces Jesús fue llevado por el Espíritu al desierto, para ser tentado por el diablo.» (Mateo 4:1 RVR1960).

«Luego el Espíritu llevó a Jesús al desierto, para que el diablo lo pusiera a prueba.» (Mateo 4:1 DHH)

La historia data uno de los acontecimientos previos a la manifestación de Jesús como Mesías; un tiempo antes de salir de lo común a lo sobrenatural, Cristo tuvo que ser sometido a una prueba inevitable. Tenia que ser probado. Tenia que ser puesto en aprietos. Sin embargo, esto no quita que estaba preparado para tal cosa. Un desierto es una etapa o temporada donde somos introducidos para ser tratados por el Señor. Es un lugar hostil, solitario donde seremos puestos a prueba por el más despiadado tirano que intentará por todos los medios DESAPROBARNOS.

Entonces, un desierto es un periodo de tiempo donde nuestra vida es puesta a prueba, para ser pulida al punto de comprobar que estamos listos para la comisión que se nos ha encomendado al venir a la tierra. De Jesús, nada tenia que comprobarse. Sin embargo, dice la Palabra que fue llevado para ser tentado o probado. Según las escrituras, el examen al Señor fue así *"Entonces Jesús fue llevado por el Espíritu al desierto, para ser tentado por el diablo. Y después de haber ayunado cuarenta días y cuarenta noches, tuvo hambre. Y vino a Él el tentador, y le dijo: Si eres Hijo de Dios, di que estas piedras se conviertan en pan. El respondió y dijo: Escrito está: No sólo de pan vivirá el hombre, sino de toda palabra que sale de la boca de Dios.*

Entonces el diablo le llevó a la santa ciudad, y le puso sobre el pináculo del templo, y le dijo: Si eres Hijo de Dios, échate abajo; porque escrito está: A sus ángeles mandará acerca de ti, y en sus manos te sostendrán, Para que no tropieces con tu pie en piedra. Jesús le dijo: Escrito está también: No tentarás al Señor tu Dios. Otra vez le llevó el diablo a un monte muy alto, y le mostró todos los reinos del mundo y la gloria de ellos, y le dijo: Todo esto te daré, si postrado me adorares. Entonces Jesús le dijo: Vete, Satanás, porque escrito está: Al Señor tu Dios adorarás, y a él sólo servirás. El diablo entonces le dejó; y he aquí vinieron ángeles y le servían.

Que tremendo acontecimiento, pero que tremenda victoria. Pero hay una sola causa de esta tentación y único motivo de tal prueba: La IDENTIDAD de Jesús. Nótese lo siguiente: Si **eres** Hijo de Dios, di que estas piedras se conviertan en pan. Si **eres** Hijo de Dios, échate abajo; porque escrito esta; y le dijo: Todo esto **te daré**, si postrado me adorares

El enemigo no tentó a Jesús, para ver si "caía"; sino para comprobar que tenia definida su identidad por todo lo que representaba ser el Hijo de Dios. Esa prueba, determinaría todo los próximos tres años y medio de ministerio mesiánico. Es la identidad la que define al discípulo. Con quien te identificas, es lo que harás de ti mismo. Si no hay identidad, no hay destino y si no hay destino no hay propósito. El Maestro de Galilea, tenia todo aquello muy bien definido, por eso sus respuesta a cada tentación fueron contundentes. En el proceso de capacitación, entrenamiento, equipamiento y enseñanza, un discípulo adoptará parte de su identidad, por medio del ADN de su maestro. Los apóstoles de Jesús así lo vivieron, al punto que cuando a Pedro le preguntaron ¿Acaso tu no andabas con Él? porque hablas como Él. Eso da la evidencia, que el tiempo de discipulado es un tiempo de transformación.

Pero la gran pregunta es ¿Qué de Satanás, El Desierto y La Tentación en la vida de un Discípulo? Aquí viene lo bueno. Todo cristiano y mas aún que esté bajo discipulado, tendrá que ser aprobado en su preparación tarde o temprano por estos tres actores. Satanás no se hará esperar para que antes que usted este listo para ser promocionado, aparezca con "sus cosas" que mediante tentación prueben la efectividad de nuestro llamado e identidad en Dios; como también el Señor mismo nos dé la oportunidad de ser enviados a un tiempo de Desierto.

¿Qué hace o produce el Desierto?

El desierto trata específicamente las áreas de la vida que no están funcionando correctamente. Así como cuando, en una cita medica y después de haber sido inspeccionado, el doctor aplica un tratamiento para combatir el problema y/o quitar el dolor. Sin tratamiento no habría cura; es por eso que un tratamiento depende de tiempo para poder hacer efecto. De la misma manera sucede con el desierto, es un trato puntual sobre áreas que no están como debieran en nuestra vida.

El desierto es como un Quirófano de alta complejidad. Debemos ser sinceros, en que áreas de nuestras vidas están muy bien y en altos estándares de desarrollo; sin embargo otras están en grave situación lo cual demanda una intervención mas profunda, segura y que no puede ser de otra manera mas que ser tratada con complejidad. El desierto es eso, un lugar de alta complejidad donde Dios puede tratarnos a corazón abierto. El desierto es un entrenamiento sin descanso. No hay fin de semana, ni vacaciones en el desierto. No existen pausas ni respiros. No hay festivos ni festejos. El desierto es exhaustivo. No tendrá piedad de tus comodidades ni dará opción a confort. El desierto es la misma mano de Dios trabajándonos, pero pareciera a nuestros ojos un campo militar. No se trata de entenderlo, sino de RESISTENCIA.

Y hablando de resistencia, si entendemos bien resiste no el que puede, sino el que tiene una identidad definida y sabe que el desierto no es el fin de su ministerio, sino un lapso de tiempo donde Dios solo está afinando motores para una vida de ministerio y servicio. Resiste el que conoce su propósito. Resiste el que está apasionado por su llamado.

El Desierto es un trato personal

Dijimos anteriormente que el desierto trata específicamente las áreas de la vida que no están funcionando correctamente; que el desierto es como un Quirófano de alta complejidad y que el desierto es un entrenamiento sin descanso; entonces eso indica que hay áreas que de emergencia necesitan ser tratadas y seguramente son las mas difíciles.

De esto surge una pregunta ¿Qué áreas serian tratadas? *Orgullo, Ego, Independencia, Pecado, Administración, Humildad, Decisiones, Injusticia, Mentiras, Malos tratos, Abusos. (cualquiera fuere). Idolatría, Temperamento y Carácter. Falsas creencias. Falta de perdón. Odios y rencores. Traiciones. Incredulidad. Indiferencia. Corazón, Matrimonio, Hijos y Familia.*

Literalmente, podemos ver que el desierto trata con lo que no te gusta, pero es lo que te conviene. Cuando éramos niños y debíamos tomar cierta medicina, la mama nos decía: "*aunque no te guste* **DEBES** *tomarla por tu* **BIEN**". *Así es el desierto, Dios dice "no te gusta, pero es lo que te conviene".*

Siendo sinceros ¿Cuántas áreas de nuestras vidas necesitan ser procesadas arduamente en el desierto? ¿Qué tanto estamos dispuestos a resistir? ¿Cuándo pensamos darle lugar al Espíritu del Señor que nos lleve a un verdadero proceso?

Propósito en el Desierto.

Si Dios nos mete en un proceso, Dios nos saca. Si Dios nos mete al desierto, allí el estará. Sin dudarlo, diríamos que el mejor ejemplo que pudiéramos tratar de desiertos seria la historia del pueblo de Israel. Claro que hay muchísimo que podríamos de allí tomar, pero trataremos de sintetizar el asunto.

Mucho se ha hablado de los 40 años que el pueblo de Israel deambuló para llegar a la tierra prometida. Siempre se nos ha dicho que fue Dios quien los tuvo todos esos años en el desierto para que al momento de entrar lo hicieran purificados y creyendo firmemente en Él. Sin embargo cuando leemos la Biblia con detenimiento nos damos cuenta de otra realidad, Dios quiso que su pueblo no tardara tanto en entrar a la tierra que les había dado y en donde fluía leche y miel.

Un dato que para muchos puede ser sorprendente es que de Egipto a Canaán hay aproximadamente 390 kilómetros, lo que vale decir que Israel hubiera tardado aproximadamente en llegar un mes, caminando diario 13 kilómetros. Dios quiso darle a su pueblo antes de entrar en la tierra prometida el "Decálogo" que señalaba al pueblo las obligaciones del pacto. Esa entrega del Decálogo constituía la primera etapa del proyecto de Dios para su pueblo, venía ahora la segunda etapa que era llegar a Cades Barnea que era la frontera sur para entrar en la tierra prometida. Para llegar a Cades Barnea recorrieron once días (Deuteronomio 1:2 RV 1960).

El punto de quiebre entre Dios y su pueblo fue en Cades Barnea, fue allí cuando su pueblo se rebeló y decidió no entrar en la tierra prometida porque vieron a un pueblo enemigo.

"¿A dónde subiremos? Nuestros hermanos han atemorizado nuestro corazón, diciendo: Este pueblo es mayor y más alto que nosotros, las ciudades grandes y amuralladas hasta el cielo; y también vimos allí a los hijos de Anac" (Deuteronomio 1:28 RV 1960).

Habían tardado en llegar a la tierra prometida más de un año y sin embargo al estar cerca decidieron no entrar. Todo el viaje hasta la frontera de Canaán fue un constante rebelarse contra Dios. Al Salir de Egipto se rebelaron en contra de Moisés y le dijeron: *"¿Acaso no había tumbas en Egipto para que nos hayas traído a morir al desierto?, ¿qué has ganado con sacarnos de Egipto? 12 Te dijimos claramente en Egipto: Déjanos en paz, y mejor servimos a los egipcios, porque más no conviene servir a los egipcios que morir en el desierto"* (Éxodo 14:11-12 RV 1960).

Luego en Mará también se rebelaron en contra de su guía por no poder beber agua ya que era amarga (Éxodo 15,22-

23). Murmuraron por no tener comida en el desierto de Sin y Dios hizo llover pan del cielo hasta saciarlos (Éxodo 16: 1-5). Se construyeron un becerro de oro por pensar que Moisés los había abandonado en el Sinaí (Éxodo 32: 1-6).

El pueblo siempre murmuraba y se quejada, Dios se cansó y dijo que ningún hombre de esa generación perversa entraría en la tierra buena, excepto Caleb y sólo los menores de veinte años se salvaron. Fueron incontables los episodios de rebelión del pueblo de Israel, sin embargo fue en Cades Barnea la gota que rebalsó el vaso y el que pudieran deambular los próximos treinta y ocho años hasta llegar al torrente Zéred (Deuteronomio 2,14). Fue el mismo pueblo quien decidió la suerte de andar cuarenta años deambulando por el desierto. Fue una etapa desagradable y feroz.

Entonces podemos entender que Dios permite nuestra entrada al desierto para pulir las áreas antes mencionadas; pero si allí no aprendemos la lección y nos dejamos tratar, entonces indirectamente nosotros mismos nos mantendremos allí como en una suerte de ciudadanía. A pesar de tantas situaciones, Dios jamás dejó de bendecirlos en todo lo que ellos necesitaban como provisión y sostenimiento, ya que eran sus hijos y no los iba a abandonar.

Todos los grandes hombres de fe tuvieron que pasar por desiertos. Ya sea físico, espiritual, emocional. Eso hace parte de su proceso de crecimiento.

"Él te humilló y te hizo sufrir hambre, pero te sustentó con maná, comida que tú no conocías, ni tus padres habían conocido jamás. Lo hizo para enseñarte que no sólo de pan vivirá el hombre, sino que el hombre vivirá de toda Palabra que sale de la boca de Jehovah." (Deuteronomio 8:3 RV 1960)

El desierto muchas veces muestra la prueba y también la disciplina.

DIFERENCIA ENTRE PRUEBA Y DISCIPLINA

¿Qué es una prueba? Es una presión que Dios permite en su soberanía, independientemente si hay pecado o no, para saber lo que hay en el corazón del hombre. La prueba es la manera en que Dios desnuda a través de diferentes eventos lo que el hombre esconde en el corazón; aquí se muestra la verdadera faceta de lo que somos nosotros. *¿Qué es la disciplina?* La disciplina es la iniciativa tomada por Dios para corregir una acción de un hijo. Es el ejercicio de la paternidad que aprueba el amor y desaprueba el pecado.

El Desierto no es el destino, es la parte de un plan divino.

Permaneceremos en el Desierto en la medida que nos dejemos tratar y entendamos el tratamiento. En el desierto se activan los mas grandes planes y propósitos de Dios. Jesús salió del desierto hacia la activación de su ministerio, no se quedo allí. O sea, en otras palabras el desierto es algo pasajero no permanente, a menos que llenemos nuestro corazón de rebeldía y por consecuencia quedemos estancados en ella. *El desierto puede ser la catapulta que me lleve a la tierra prometida o el cementerio donde puedo ser enterrado*.

El plan de Dios es que "pasemos" por el desierto y no quedemos allí. Jesús salió del desierto hacia la activación de su ministerio y comenzó a predicar el mas poderoso, único y central mensaje que trajo después de haber salido del desierto «*Desde entonces comenzó Jesús a predicar, y a decir: Arrepentíos, porque el reino de los cielos se ha acercado.*» (Mateo 4:17 RVR1960). ¿Para qué entonces el Desierto? Dios no nos mete en el desiertos para matarnos, sino para tratarnos. Desde ese trato, iniciará el Propósito de Dios en la vida personal.

CAPÍTULO 4

EDICIÓN ESPECIAL O LIMITADA

4

Uno de los temas más relevantes del cristianismo y del sentido por el cual debemos seguir a Jesús genuinamente es la Transformación del ser humano. Quiero impartirle distintos recursos que la Palabra de Dios nos da como fundamentos para que nuestras vidas sean verdaderamente lo que la palabra de Dios marca como manual de vida y de cambio.

A lo largo de este libro, veremos el tema candente de todos los tiempos y por el que "El Señor" tuvo que morir en la cruz del Calvario. Ningún tema en la Biblia es menos que otro, sin embargo algunos de ellos brillan más que otros al verse la necesidad en la actualidad. Creemos que solo Dios puede cambiar al ser humano por medio de su Palabra y Poder, pero para que esto suceda, nosotros debemos escudriñar las Escrituras, ser sensibles y estar disponibles en espíritu, alma y cuerpo para que el Espíritu Santo que es Dios pueda operar libremente en nuestro interior.

La palabra transformación es muy usada en los distintos sectores de la vida, haciendo alusión a algo o alguien que vivenciará ciertas modificaciones parciales de su estado original. Como siempre lo hacemos, veremos lo que expresa el diccionario enciclopédico en una de sus acepciones.

Dice que TRANSFORMACION es: *"hacer, que algo o alguien cambie de forma o aspecto. Que cambie o sea distinto, sin alterar totalmente todas sus características esenciales"*; o sea en otras palabras cambios necesarios sin alterar lo original.

¡Esto es realmente poderoso! Cuando llevamos este término a las dimensiones espirituales, entendemos que Dios no quiere modificar el diseño que hizo con nosotros, sino lo que nosotros deformamos y torcimos por medio de la vida pecaminosa.

En una serie de ejemplos, podemos ver la palabra transformación en ámbitos comunes. Por ejemplo, cuando vemos programas de televisión donde personas llevan sus automóviles antiguos para ser renovados, actualizados y modernizados; claro hay un proceso y después de un corto tiempo esos vehículos parecen recién salidos de fábrica teniendo la posibilidad de ser catalogados como "Edición Especial" o "Edición Limitada".

Si hablamos de una casa, de igual manera en vías de ampliación y/ refacción, lograremos apreciar que en un periodo de tiempo esa casa quedará completamente nueva, deseable, y sobre todo más cara al momento de querer venderla. Un detalle aquí importante, es que lo que se transforme de la vivienda, dará mayor valor a la misma.

Si hablamos de una empresa, muchos dueños, socios o mayordomos de vez en cuando acudirán a alguna empresa de mercadeo y marketing para solicitar ayuda profesional para modificar y transformar la imagen del lugar, o el sello representativo de la misma, para impactar al cliente y de esta manera ejercer su influencia comercial.

Al fin y al cabo, todo necesita una transformación, cuando

pretendemos mejorar, avanzar y llegar a ciertas metas. No podríamos dejar fuera, la idea de transformación cuando una persona se convierte en alguien de importancia social, económica, publica y/o política. De repente los cambios en muchos son notables, y todo esto con el fin de verse bien pero afianzando el área que representa.

Llevando esto al ámbito espiritual, debemos rescatar algunas relaciones que acabo de mencionar, vamos a detallarlas para entender a profundidad el concepto.

¿QUÉ SE RENUEVA?

Lo antiguo se renueva: no es que lo antiguo sea malo, sencillamente no esta adaptado al tiempo presente, si no sufre en el buen sentido de la palabra, un proceso que lo incluya en la actualidad. Si no hay renovación, no podríamos hablar de transformación. Recordemos que son áreas que serán modificadas para adecuarlas a la necesidad o plan esperado.

¿CUÁL ES EL FACTOR ESENCIAL PARA EL PROCESO DE TRANSFORMACIÓN?

Un factor esencial en toda nuestra vida, es el tiempo. Cientos de personas no pueden esperar, o les desespera la espera. Sin embargo, cuando nos referimos a que Dios transforme la vida de alguien por medio de su Palabra y Poder, este factor es indispensable. El tiempo es el medio por el cual se asegura y confirma una transformación en cualquier área.

¿CÓMO SE LLAMA A LO QUE SE TRANSFORMA?

Lo que se transforma, normalmente puede ser llamado o catalogado como "*Edición Especial o Limitada*"; ese concepto tiene raíz en algo original que ha sido procesado de tal manera que no hay mucho volumen de dicho articulo. En las cosas espirituales, la gente transformada se convierte en "*Edición Especial o Limitada*".

¿CUÁL ES LA CONDICIÓN DE LO TRANSFOR-MADO?

Cuando algo o alguien ha sido transformado, se convierte en algo o alguien deseado. Un hijo que dejó las drogas es deseado nuevamente en el núcleo de su familia; un matrimonio que se restauró y reconcilió es anhelado por sus hijos y parientes ya que después de la tormenta las cosas se ven distintas; lo poderoso de esto, es que cuando nos dejamos trabajar y procesar por Dios nos convertimos en tierra deseable así lo dice nuestro mismo Dios "*Y todas las naciones os dirán bienaventurados; porque seréis tierra deseable, dice Jehová de los ejércitos*" (Malaquías 3:12 RV1960). Esto nos asegura algo muy importante, es que obtenemos mayor valor al momento que somos puestos en proceso de transformación.

¿QUÉ PONE EN EVIDENCIA LA TRANSFORMA-CIÓN?

Nuestro rostro es el reflejo del corazón, o sea que el interior refleja exteriormente como está. Así que se conoce como está el interior por como nos vemos por fuera. Esto indica que cuando hay una transformación, nuestro exterior lo evidencia y nuestra imagen literalmente cambia. No es necesario, demostrar una imagen por "el qué dirán" los demás, sino que es **automático** y **sobrenatural** que nuestro exterior cambie cuando vivimos una verdadera transformación.

Para poder entrar de lleno al tema desde la "óptica espiritual y bíblica", tenemos que escudriñar **puntos** que son de interés evidente y explícito como también reveladores y activadores para que podamos ser verdaderamente transformados. El propósito de Jesús al venir a la tierra, nacer, crecer, ministrar, morir y resucitar no sólo fue en un carácter de Salvador y perdonador de pecados, sino que esto lo proyecta a quien realmente Él es en todos sus perfiles: Él es el Rey de Reyes y Señor de señores.

Él es el Rey, por lo tanto vino a la tierra con la función y propósito de establecer su Reino inquebrantable de manera que no quede duda alguna que Él es el único y suficiente Dios.

Entonces, veamos algunos detalles que los entenderemos bajo la lupa de la revelación. El establecimiento del Reino de Dios se basa en la Palabra escrita y en la Palabra manifestada; la Biblia revela que Jesús fue hecho carne, el Verbo fue hecho carne "*Y aquel Verbo fue hecho carne, y habitó entre nosotros (y vimos su gloria, gloria como el unigénito del Padre), lleno de gracia y de verdad*" (Juan 1:14).

El Reino de Dios tiene el poder de manifestar todo lo que está escrito, o sea lo activa y lo pone en función mediante la revelación. Sin revelación, es imposible activar el Reino de Dios ya que careciera de esencia sobrenatural. Cada acción que Jesús desarrolló la hizo con poder; esto evidencia al verdadero Evangelio de Jesús sustentado por el poder. Podemos referirnos a que también el apóstol Pablo dijo al respecto de esto "*Porque el reino de Dios no consiste en palabras, sino en poder*" (1 Corintios 4:20 RV1960).

Esta es la expresión más clara y la confirmación más exacta de lo que estamos hablando, el reino de Dios es poder en toda su expresión; sus leyes practicadas provocan poder, sus mandamientos provocan poder, sus instrucciones provocan poder… ¡¡¡el Reino de Dios es Poder!!! Entonces, para ser transformados necesitamos la palabra de Dios no sólo escrita, sino manifestada a nuestra vida por medio de la revelación y la práctica de la misma.

¿Dónde vemos un detonante a la verdadera transformación?

Cuando Juan el Bautista predicaba, en su mensaje traía la esencia del poder transformador diciendo: "*En aquellos días vino Juan el Bautista predicando en el desierto de Judea, y diciendo: Arrepentíos, porque el reino de los cielos se ha acercado*" (Mateo 3:1 – 2 RV 1960) Curiosamente, es el mismo mensaje que Jesús comenzó a predicar en el inicio de su ministerio como Mesías diciendo: "*Desde entonces comenzó Jesús a predicar, y a decir: Arrepentíos, porque el reino de los cielos se ha acercado*" (Mateo 4:17 RV 1960).

Definitivamente, esto revela algo, ya que en la palabra de Dios nada es casualidad ni nada es porque si. Ambos mensajes eran lo mismo, ambos destinos entonces eran iguales... ¿Cuál? El de ser transformados por medio del poder del Reino de Dios y su Palabra.

Ambos predicadores, Jesús y Juan el Bautista expresan que el arrepentimiento era esencial para poder tener acceso al Reino; ambos expusieron que el arrepentimiento es "*porque el reino de los cielos se ha acercado*" esto indica que por causa del reino de Dios manifestado la gente debía arrepentirse porque desde esa actitud comenzaría un proceso de cambio con todos los recursos que el Reino de Dios provee.

Quiero refrescar la memoria de que arrepentirse no es sentirse mal por lo que uno peco o hizo mal, sino es provocar un verdadero cambio de mentalidad para no volver a caer en el error o en el pecado que ofende a Dios. Entonces en base a eso, el mensaje del Maestro y del profeta resaltan y detonan la necesidad de cambios de mentalidad interiores para poder ingresar al reino de Dios y poder así vivir una verdadera y trascendental transformación.

Juan el Bautista declara que el llevaba a la gente mediante el bautismo en aguas a una actitud de arrepentimiento y perdón de pecados. Veamos como lo expresa *"y eran bautizados por él en el Jordán, confesando sus pecados"* (Mateo 3:6 RV1960). Esto es tremendo, porque dice que los bautizaba mientras estaban confesando sus pecados; así que cada persona que era sumergida por Juan el Bautista en las aguas del Jordán confesaba sus pecados y recibía el perdón de Dios por medio de ese acto y por medio de ser sumergido en las aguas como símbolo de purificación.

En este episodio, aparece el bautismo en aguas, como un medio de perdón y no como la salvación en si mismo. Esto aclara, confirma que no son las aguas las que perdonaban a la gente sino Dios por medio de ese acto decisivo y personal de cada uno; **esto desmiente y deja evidenciado como falso todo argumento y/o doctrina que profese que el bautismo en agua salva al pecador**.

Jesús aun no había aparecido en la escena de la humanidad como Salvador y Mesías prometido a los Judíos; entonces todo acto de arrepentimiento genuino culminaba en la decisión de ingresar a las aguas para confesar pecados y ser perdonados. Esto era válido delante de Dios hasta que los tiempos cambiaran en la aparición de Jesús y con él la Gracia de Dios.

Cuando digo que era válido, me refiero a algo que Dios respaldaba que cambio su **estatus (posición social de una persona)** desde que el Señor murió y resucitó de entre los muertos.

Una segunda declaración de Juan el Bautista revela claramente donde está la verdadera transformación del hombre. Recalco una vez más, que el bautismo en aguas era sólo para perdón, lo cual no asegura ni cambios ni transformación, sino sólo perdón.

"Yo a la verdad os bautizo en agua para arrepentimiento; pero el que viene tras mí, cuyo calzado yo no soy digno de llevar, es más poderoso que yo; él os bautizará en Espíritu

Santo y fuego" (Mateo 3:11 RV 1960).

El Bautista dice que "*él os bautizará en Espíritu Santo y fuego*". Que Gloriosa esperanza tenemos en Dios que seremos llenos del Espíritu Santo y de fuego; pero Juan usa el termino bautizar también refiriéndose a lo que haría Cristo en nosotros. Y acá, debemos hacer una pequeña pausa. Esto nos aclara que Jesús también vino a bautizar pero no específicamente en agua, sino en Espíritu Santo y fuego.

Vayamos a algunos significados sobre el vocablo Bautismo: "*sumergir en*" o "*mezclar con*". Esto nos da la pauta de lo que Juan el Bautista nos quería decir. Una de las definiciones de bautismo es poder ser uno con alguien, al ser bautizados con el Espíritu Santo nos estamos haciendo **UNO con Él**. Su esencia, su naturaleza esta sobre nuestras vidas, de tal manera que Cristo puede vivir SU vida en nosotros por el Espíritu que mora en nosotros.

La seguridad de esta predicación de Juan, es que el Señor nos "haría uno con el Espíritu Santo y el fuego" ¿Esta usted entendiendo esto? **¡Esto es nada más ni nada menos que TRANSFORMACION!** El agua solo era símbolo de perdón de los pecados como un medio de purificación, pero el Espíritu Santo no es un símbolo, *es una persona*, por lo tanto puede transformarnos y con fuego. Claro que con esto no digo que el bautismo en aguas no tenga vigencia en la actualidad, sino solo aclaro que no es medio de salvación.

¿Por qué la necesidad del fuego del Espíritu Santo?

Cuando la Biblia habla de **fuego del Espíritu Santo**, se refiere a **dos principios fundamentales que cada ser humano puede experimentar**.

Primero: el fuego viene purificar verdaderamente lo que el símbolo del agua no hace. El fuego purifica nuestro espíritu y alma, de una manera sobrenatural de tal forma que inicia un proceso de un verdadero cambio completo. Juan se refería a una transformación que con su ministerio y ministración no se podía conseguir. Es el fuego que purifica todo aquello que el pecado dejó como secuela en nuestro interior; malos hábitos y conductas son cambiadas sobrenaturalmente por medio de este fuego. Todos lo necesitamos emergentemente.

Segundo: el fuego viene a quemar todo aquello que se ha levantado en nuestro interior como pensamientos, carácter, ideologías, falsas experiencias, argumentos, falsas doctrinas, hábitos pecaminosos y todo aquello que nos hace ir en contra de las leyes de Dios. El fuego de Dios quemará toda herencia de maldición que a través de nuestros ancestros cargamos por el ADN que nos hacen *"uno a su pasado"*.

¿Cuál es la razón de por qué viene el fuego?

Esta es una pregunta revolucionaria. El fuego viene para preparar nuestra vida para que la habite y la viva Cristo mismo. *"Cuando Cristo, vuestra vida, se manifieste, entonces vosotros también seréis manifestados con él en Gloria"* (Colosenses 3:4 RV 1960). Si el Señor Jesús vive su vida en nosotros, entonces nos manifestaremos con Él porque *"somos uno"*, porque fuimos bautizados en el Espíritu Santo.

Entonces podemos aclarar que Juan bautizaba en aguas para arrepentimiento y perdón de pecados, pero el bautismo que Jesús trajo es en Espíritu Santo y fuego. Ambos son para cambios, pero sólo uno para transformación, **el Bautismo en Fuego**.

En algunas ocasiones, hemos observado en vivo o por televisión, bosques enteros quemarse, casas o edificios incendiados. ¡Qué terrible imagen! Lo curioso es que lógicamente al llegar el cuerpo de bomberos a la escena, combaten el fuego con agua en la mayoría de los casos. ¡Si, con agua! Esto puede llevarnos a pensar en algo revelador.

Trasladando este ejemplo a lo que estamos tratando, podemos encontrar una verdad real y actual en muchos casos. En párrafos anteriores dijimos que el bautismo en agua es un símbolo de una decisión que devela un arrepentimiento de las personas en los tiempos de Juan el Bautista; dijimos que el agua no salva sino la actitud de arrepentirse, confesar pecados y cambiar.

Entonces el agua es algo que pertenece a lo simbólico y no a lo espiritual en sí misma.

También dijimos que Jesús nos bautiza, o nos hace uno con el Espíritu Santo mediante el fuego, por eso **no podemos quedarnos con lo simbólico si queremos lo sobrenatural**; no podemos esperar del agua, cuando lo que nos transforma es el fuego del Espíritu Santo ¿Me esta usted entendiendo? El agua era un símbolo, **el fuego es una realidad sobrenatural**. Según lo que usted elija, es lo que usted tendrá; si elige el agua, tendrá una vida espiritual simbólica y superficial ¿Por qué? Porque nadie puede vivir con el agua interiormente, pero si se puede vivir con el fuego de Dios interiormente y ser sumamente un cristiano sobrenatural. Y para afirmar bíblicamente esto, vamos a la base *"Porque Juan ciertamente bautizó con agua, mas vosotros seréis bautizados con el Espíritu Santo dentro de no muchos días"* (Hechos 1:5 RV 1960)

¿Puede usted darse cuenta de cómo Jesús marca la diferencia? Dice que *Juan bautizó con agua **MAS** vosotros...* esa acentuación *"mas vosotros"* aclara lo siguiente: **con ustedes será diferente, serán bautizados con fuego**.

¡Esto es TRANSFORMACION! Vivir investidos del fuego y no remojados en agua. Cuando Jesús les pidió a sus discípulos que no se fueran de Jerusalén, lo hizo por este exacto motivo: *"Y estando juntos, les mandó que no se fueran de Jerusalén, sino que esperasen la promesa del Padre, la cual, les dijo, oísteis de mí"* (Hechos 1:4 RV1960).

Jesús les mandó a no irse, porque ellos **debían y necesitaban ser investidos de poder** para que su interior lo compartieran con el Espíritu Santo; nadie puede ejecutar y establecer el Reino de Dios a menos que esté investido del poder del fuego del Espíritu Santo.

El maestro les dijo que vendría el momento donde serían empoderados de tal manera que vivirían una transformación sobrenatural que cambiaria el rumbo de sus vidas para siempre. **Esto los convertiría o los transformaría en los verdaderos propósitos de Dios**. No los mandó a bautizarse en aguas, los mandó a esperar el fuego. ¿Se entiende? **No los activó con lo simbólico, los activó con lo sobrenatural**.

El suceso más extraordinario respecto al inicio de la Iglesia primitiva, estaba a punto de iniciar. Los discípulos serian empoderados para su carrera ministerial, serian llenos para que su oficio fuera llevado a cabo con excelencia, y fuesen purificados para que dentro de ellos viviera el Espíritu Santo. **Antes de esta poderosa llenura, la Biblia revela que el Espíritu de Dios estaba por sobre las personas y no dentro.**

En nuestros tiempos, existen infinidad de personas de todo el mundo que tienen al Espíritu de Dios por sobre de ellos y no en ellos. Y aquí radica el problema de esos muchos. El verdadero bautismo con el Espíritu Santo no es solo hablar en nuevas lenguas o lenguas desconocidas, sino estar tan llenos de Él, tan inundados de Él que un minuto sin Él es una eternidad vacía.

El fuego de Dios, no quema por fuera, quema por dentro. Es allí donde opera. Una llenura es una hábitat. El fuego de Dios no te toca ni te bendice, te quema tanto que derrite todo lo que estorba el habitáculo de Dios. El fuego quema todo lo que es "simbólico" y "pasado" en tu vida. No puedes vivir en el tiempo de Juan el Bautista esperando la bendición del agua, sino vive en el tiempo del Espíritu deseando hambriento su fuego consumidor. Debo aclarar, que no estoy menospreciando ni anulando *el bautismo en agua*, solo dejo en claro que el mismo **es simbólico y no transformador**.

Aquí encontramos un aspecto o perfil del porque la necesidad de estar llenos del fuego de Dios, ya que al hacer discípulos o transicionar personas de cristianos a discípulos es trabajo que debe ser hecho bajo el fuego del poder de Dios. Hacer discípulos en las naciones demanda revelación y poder evidenciado para que los aprendices sean activados en el poder sobrenatural. Esta comisión sin dudarlo demandaría de esa llenura.

Veamos otro aspecto de la gran comisión del Señor "*Y les dijo: Id por todo el mundo y predicad el evangelio a toda criatura. El que creyere y fuere bautizado, será salvo; más el que no creyere será condenado. Y estas señales seguirán a los que creen: En mi nombre echarán fuera demonios; hablarán nuevas lenguas; tomarán en las manos serpientes, y si bebieren cosa mortífera no les hará daño; sobre los enfermos pondrán sus manos, y sanarán*" (Marcos 16:15 – 18 RV 1960).

Es imposible creer que estas señales te sigan si no estás lleno del fuego de Dios, investido de poder y TRANSFORMADO. Una verdadera credibilidad en Dios, genuina y sincera, vendrá de un corazón transformado. Observe este diseño por favor. Las señales demandan de credibilidad en el poder de Dios; y el poder de Dios demanda de TRANSFORMACION. Nos es necesario radicalmente que el Señor habite nuestra vida. El fuego purifica su habitación que somos nosotros.

¿Qué realmente garantiza el bautismo con el Espíritu Santo?

Que dejemos lo simbólico de lado y anhelemos lo sobrenatural. Que estemos genuinamente arrepentidos de nuestros pecados y alejados de ellos. Que estemos dispuestos a ser transformados. Que tengamos hambre y sed del fuego transformador del Espíritu Santo.

En el Reino la **revelación** produce **movimiento** y el **movimiento** produce **poder**. Debemos entonces entender que si esto que estamos tratando es una revelación para nosotros, producirá movimiento. Dejamos de estar en modo Off y nos activamos poderosamente en función On y propósito de Dios. Ese movimiento nos llevará a ser empoderados para cumplir con la comisión asignada por el Señor a todos; a iniciar el camino a nuestro llamado y propósito y a estar "habitados por el Espíritu Santo habiéndonos hecho uno con Él en ese bautismo de fuego".

¿Qué pasó cuando fueron llenos y bautizados en Fuego?

Ellos dejaron de ser gente común y cristiana, se convirtieron en discípulos y revolucionaron cada espacio geográfico que la planta de su pie pisó. Literalmente fueron hechos una "*Edición especial o Limitada del Reino de Dios*".

"*Y sobrevino temor a toda persona; y muchas maravillas y señales eran hechas por los apóstoles. Todos los que habían creído estaban juntos, y tenían en común todas las cosas; y vendían sus propiedades y sus bienes, y lo repartían a todos según la necesidad de cada uno. Y perseverando unánimes cada día en el templo, y partiendo el pan en las casas, comían juntos con alegría y sencillez de corazón, alabando a Dios, y teniendo favor con todo el pueblo. Y el Señor añadía cada día a la Iglesia los que habían de ser salvos*" (Hechos 2:43 – 47 RV 1960).

Esto es nada más ni nada menos que el resultado de una verdadera transformación.

CAPÍTULO 5

EL TEMOR DE DIOS

5

El capitulo anterior, cierra en un episodio de la Iglesia primitiva dando frutos poderosos de aquel sobrenatural encuentro y bautismo con fuego que tuvieron; ellos fueron literalmente transformados por la Palabra y el poder de Dios. La historia de la Iglesia inicia en un mover sobrenatural causado por la transformación de los protagonistas que llevaron el Evangelio con pasión y demostración del poder de Dios en acción.

Uno de los resultados que hubo en ellos como parte de su trasformación fue el temor a Dios "*Y sobrevino temor a toda persona...*" (Hechos 2:43 RV 1960). Es importante aclarar que esto sucedió en toda persona; obviamente a toda persona que fue transformada por el fuego del Espíritu Santo.

Veamos unos detalles con respecto al vocablo temor. El temor de Dios es saludable; consiste en un sentimiento de profunda reverencia hacia el Creador, y es un temor sano de reverencia por el agradecimiento que se tiene a su amor leal y bondad, y debido también al reconocimiento de que es el Juez Supremo y el Todopoderoso, Aquel que puede castigar o destruir a los que le desobedecen.

Vamos a describir dos clases de temor de Dios: el temor *filial* y el *servil*. El temor de Dios *filial* es aquel por el que se detesta el pecado o se aparta de él, no por los castigos a los pecadores, sino porque aquello es una ofensa a Dios, algo

63

que le desagrada a Él. Por otra parte, temor servil es el que evita el pecado por la condena que lleva consigo.

En los primeros cristianos el temor de Dios que les sobrevino, tuvo que ver con este perfil de definición: se detesta el pecado o se aparta de él, no por los castigos a los pecadores, sino porque aquello es una ofensa a Dios, algo que le desagrada a Él. El fuego transformador los inundó tanto que fueron convertidos en UNO con el Espíritu Santo y temían ofender a Dios con cualquier cosa o pecado; esto los llevó a mantener la llama encendida de ese fuego con el que fueron bautizados, sabiendo que tenían una comisión que ellos comenzaban pero trascendería los tiempos, culturas, edades, colores hasta que Cristo regrese a buscar a su pueblo.

El temor de Dios, nada tiene que ver con miedo, terror o espanto. Sino que está relacionado con una reverencia a su máximo potencial; es una actitud personal con la cual te despiertas y te duermes día a día, sabiendo que cada paso que das buscas agradar a Dios. Si tenemos temor de Dios, no nos inmiscuiremos en situaciones que comprometan nuestra integridad, nuestro testimonio ni el nombre del Señor mismo. Temer a Dios es reverenciarlo.

Ahora, no es una reverencia momentánea, religiosa, ritualista y ocasional; sino una reverencia de veinticuatro horas. Esa reverencia me lleva a evitar todo aquello que pueda distorsionar y apagar el fuego que arde en nuestro interior.

El temor a Dios me hace tan dependiente de Él, que sintamos o vivamos la necesidad de tener su aprobación en todo lo que digamos, hagamos y paso que demos. La gran comisión había sido dada a los apóstoles y discípulos que escucharon a Jesús en sus últimas palabras antes de ser ascendido a los cielos; por eso que cuando fueron bautizados en fuego, el mismo Espíritu Santo les produjo temor de Dios. Si no reina y vive el Espíritu Santo en nosotros, es porque no nos ha bautizado en fuego y sólo es un invitado circunstancial en nuestras vidas; por lo tanto no podremos vivir con ese temor de Dios. Aquí debemos usar una lupa. Muchos hoy podrán decir *"yo tengo al Espíritu Santo porque voy a la Iglesia Cristiana"* otros podrían decir *"yo tengo al Espíritu Santo porque hablo extrañas lenguas"*, otros quizás pueden exclamar *"a mi el Señor me reveló que tengo el Espíritu Santo"*... sea lo que sea que puedas decir... si no tienes temor de Dios en ofenderle, vivir como quieres y hacer lo que tu voluntad te da, careces de la vida de Jesús en ti y por lo tanto también de haber sido bautizado en Fuego.

Lo que tenemos de Dios lo evidenciamos hacia fuera. No podemos pensar que estamos bautizados en fuego si no somos transformados como tal para cumplir la gran comisión. Veamos un gran detalle. La Iglesia primitiva se caracterizó por predicar el Evangelio de Jesús apasionadamente, no por un compromiso, sino porque en ellos ardía la pasión por las almas. Si no hay pasión por las almas no hay fuego de Dios; si no hay fuego de Dios no hay bautismo con el Espíritu Santo. Y si no hay eso, nuestro "cristianismo" es mediocre, falto y sin destino.

El temor de Dios es un estilo de vida de reverencia, rectitud y pasión. Una reverencia cotidiana y sobrenatural tan poderosa que todo lo que nuestra vida da como resultado, busca desesperadamente agradar a Dios en lo más mínimo.

Una reverencia es un reconocimiento respetuoso total a Dios mismo, en su persona y calidad como Dios. Una rectitud en todo movimiento que podamos hacer, aun aquellas cosas que nadie podría jamás conocer. Una rectitud que vaya de la mano con integridad absoluta y radical. Una reverencia que con sólo pensar mal de algo o alguien te llevaría a un quebrantamiento porque no quieres ofender a Dios ni con eso. Una pasión descontrolada por adorarlo, pasar tiempo con Él en intimidad. Una pasión que marque tu vida para siempre y con ella la de tus generaciones. Porque quien a Dios teme, a Dios le entrega sus generaciones.

La pasión, rectitud y reverencia caracterizó a los primeros

cristianos transformados en todo lo que hicieron; ellos marcaron un patrón de cómo debemos nosotros hoy caminar en las sendas del Señor; aunque esto no indica que debemos vivir lo que ellos vivieron, sino como ellos lo vivieron. Lastimosamente hoy se ha perdido ese temor de Dios, hombres y mujeres alrededor del mundo decidiendo por sí mismos, lejos de la dependencia del Señor y sobre todo creyendo en su "propio corazón".

A decir verdad, ¿cuántos hoy predican por compromiso? ¿Cuántos siguen el patrón de una visión pero sin pasión por los perdidos? ¿Cuántos ganan almas porque las ven como un medio de enriquecimiento? ¿Cuántos se aprovechan de la necesidad de la gente para satisfacer las suyas? Eso no es pasión, eso es engaño. Eso no es reverencia, eso es una falta de respeto a Dios. Eso no es rectitud, eso es pecado.

El temor de Dios no trata de un sentimiento que aturde y agobia, que provoca rigidez mental o pequeñez de espíritu, anulando la voluntad.

Lo que el temor de Dios produce a nuestro favor:

El temor de Dios trae confianza y seguridad a los que andan en integridad. Todo lo que hagamos para Dios y en Él, producirá efecto poderoso en nuestras vidas y en la de los nuestros. Veamos una palabra que nos da la certeza, que lo que caminan en integridad viven seguros porque temen en sus vidas a Dios. "En el temor de Jehová está la fuerte confianza; Y esperanza tendrán sus hijos. El temor de Jehová es manantial de vida Para apartarse de los lazos de la muerte" (Proverbios 14:26-27 RV 1960).

El temor de Dios es aborrecer el mal. "*El temor de Jehová es aborrecer el mal; La soberbia y la arrogancia, el mal camino, Y la boca perversa, aborrezco*. (Proverbios 8:13 RV 1960). Si verdaderamente estamos en proceso de transformación o estamos transformados vamos a amar lo que Dios ama; y aborrecer lo que el aborrece. Como somos uno con el Espíritu Santo, no podríamos amar lo que el aborrece.

El temor de Dios es sabiduría. Aquí nos encontramos con parte de nuestro carácter. Cuando somos bautizados por Jesús con el Espíritu Santo y fuego, nuestro carácter comienza a tomar el rumbo que debe tener y como resultado nos lleva a madurar, crecer y avanzar tanto que nos produce dosis incalculables de sabiduría. En otras palabras, temer a Dios es ser sabio. "*Y dijo al hombre: He aquí que el temor del Señor es la sabiduría, Y el apartarse del mal, la inteligencia*" (Job 28:28 RV 1960).

El temor de Dios es una actitud de reverencia y respeto hacia Dios.

El temor a Dios te lleva a un estado de inocencia. Cuando somos bautizados por el fuego del Espíritu Santo, un inevitable sacudimiento es ejecutado en nuestra vida completa. Muchas cosas cambian, otras desaparecen literalmente, otras son fortalecidas, otras son ordenadas, otras alineadas y con esto un verdadero cambio de actitud de nuestro espíritu y vida para con Dios y los que nos rodean. Las graserías, las contiendas y todo aquello que produzca una alteración a la paz y a la relación con el Espíritu Santo, pierde valor y habitación en nuestra vida.

Entre esas cosas, el mismo fuego de Dios que nos está transformando nos lleva a un estado original con el que Dios nos creó. No estoy diciendo que ya jamás nos vamos a equivocar o incluso pecar, sino que nuestro interior buscará fluir en la dirección del río del Espíritu del Señor. Pero uno de los resultados de ser transformados es regresar en nuestro interior al diseño original como el Señor nos hizo y tomar una inocencia hablando espiritualmente. Esa inocencia, tiene que ver con amar a los enemigos, ver a los perdidos con pasión, vivir bajo integridad y santidad; ser humildes y siempre estar disponibles para Dios en todo momento.

Cuando hablamos de inocencia, no me refiero a ser como niños en cuestión de conocimiento, proceder o incluso desconocer lo de Dios; sino hablo de una inocencia en el corazón, en el espíritu. Muchos podrían pensar que ser inocentes por causa del temor de Dios seria tener una actitud débil, un carácter volátil o tal vez una imagen de apocamiento extremo y es todo lo contrario. La inocencia por causa del temor de Dios tiene que ver con la más grande certeza que hemos vivido un proceso el cual nos hace dependientes de Dios y con una actitud enseñable y humilde.

El temor de Dios producirá esta inocencia, para que podamos libremente ser el receptor de todo lo de Dios, como se lo había intentado en el Edén, con Adán y Eva. Ellos eran inocentes, hasta que el pecado corrompió esa actitud y estado del espíritu de ellos. Hablamos de una inocencia sana pero responsable ya que ella nos llevará a ser dirigidos por el Espíritu Santo en todo lo que hagamos sin interrupciones de una "vieja vida".

EL TEMOR DE DIOS ME LLEVA A SER GUIADO

En un concepto general, la gente cristiana o no dice: "*yo hago lo que quiero porque soy maduro o adulto*"; otros en ignorancia dicen: "*a mi no me va a pasar nada porque se lo que hago y cuando quiero lo dejo*"; otros dicen: "*yo veo pornografía porque soy maduro y no me afecta para nada*". Déjeme aclararle algo NADIE ES MADURO NI ADULTO PARA EL PECADO POR ESO NECESITAMOS SER TRANSFORMADOS.

Cuando una persona teme a Dios, sus pasos son guiados sencillamente por Él. Dice la palabra de Dios que los que fueron trasformados "*Y perseveraban en la doctrina de los apóstoles*" (Hechos 2:42 RV 1960); esto evidencia que seguían los pasos correctos para que siguieran creciendo en

Dios. La palabra perseverar la valoramos como *seguían las instrucciones* doctrinales de los apóstoles. Nadie que no esté transformado puede seguir las instrucciones de nadie; y mucho menos las doctrinales, condición necesaria para poder perseverar. He aquí, que cuando se da instrucciones que afectan la doctrina o difieren de ella, muchos se molestan, enojan, se aíslan y se apartan de la sujeción o sumisión; entonces no perseveran en lo que deben porque NO TIENEN TEMOR DE DIOS.

Sin embargo, cuando hay temor de Dios y sujeción y/u obediencia, es fácil ser guiado.

CAPÍTULO 6
MARAVILLAS Y SEÑALES

6

Lo curioso de una vida en Dios es que en el momento menos esperado, pasando por una circunstancia muy difícil el Señor llega justo a tiempo a explicarte de la forma menos pensada que lo que estás pasando es justamente lo que estás leyendo; y es la seguridad que tenemos en Él, su diestra nos sostiene, su sombra es a nuestra diestra, su fidelidad y su misericordia es para siempre.

Todos lo acontecimientos de la vida, hacen de ella una gran aventura. Podríamos decir claramente que la vida es un conjunto de acontecimientos que nos llevan a experimentar, crecer, desarrollarnos y evolucionar día a día. Llevando esto a la dimensión espiritual, sucede exactamente lo mismo. Cada uno de esos sucesos dejan un resultado en nosotros que debiera ser 100% positivo, a pesar de que no sean cosas deseadas; esto en Dios es beneficioso. Sin embargo, no todas las personas lo ven o toman así. Lo que buscamos en Dios a veces llega por un proceso no esperado y con sucesos difíciles, pero llega.

Cuando hablamos de una Transformación, ella también

nos aporta sobrenaturalmente sucesos que dejan en nosotros marcas eternas. Si vamos a la Palabra de Dios, notaremos que los héroes de la Fe, tuvieron sucesos y procesos que les dejaron resultados asombrosos que fueron evidenciados de muchas maneras y formas.

Una transformación verdadera, viene con varias recompensas de Dios entre esas, la vida de la persona transformada comienza a manifestar señales y maravillas. Esto fue lo que caracterizó a los primeros cristianos después del bautismo con el Espíritu Santo; una de las señales dijimos que tuvieron fue la pasión por predicar el Evangelio y eso estuvo respaldado por señales: salvación, milagros, sanidades, resurrecciones, crecimiento y demás maravillas que les acompañaron por el proceso que tuvieron.

Estas señales y maravillas, fueron el resultado de algo genuino. Lo sobrenatural no viene sobre productos piratas, sino por una transformación genuina. Existen actualmente, personas que hablan o demuestran cambios basados en cosas superficiales o emocionales; lo cual lógicamente no es real. No podemos basar algo en lo pasajero ya que cualquier viento de cambio hará que eso deje de existir. Una transformación con el poder del Espíritu Santo es algo eterno y no puede ser modificada por nada exterior.

¿Estás preparado/a para que el Señor te transforme?

Es común, podríamos decir, que en estos tiempos encontremos personas cristianas "simulando" un cambio o quizás una transformación. ¿Cómo podemos percibir esto? Porque esta gente regresa a su antigua conducta ante cualquier situación que supere su momento o a su antiguo ser interior. Eso da la pauta que no hubo una transformación verdadera, sino una mejoría momentánea.

Cuando hay una transformación verdadera no sólo no se

vuelve atrás, sino que es imposible porque alguien transformado no reconoce su antiguo estado, ya fue cambiado y transformado por completo.

Entonces, una calidad de transformación así, produce en la vida resultados con estándares óptimos y muy elevados al punto de comenzar a vivir señales producidas por el Espíritu Santo, mediante la persona.

La siguiente ilustración bíblica; nos revela una real evidencia de alguien transformado y produciendo señales y maravillas.

5 Entonces Felipe, descendiendo a la ciudad de Samaria, les predicaba a Cristo. 6 Y la gente, unánime, escuchaba atentamente las cosas que decía Felipe, oyendo y viendo las señales que hacía. 7 Porque de muchos que tenían espíritus inmundos, salían éstos dando grandes voces; y muchos paralíticos y cojos eran sanados; 8 así que había gran gozo en aquella ciudad. (Hechos 8:5 – 8 RV 1960).

Aquí podemos ver que un hombre transformado llamado Felipe, estaba dando resultados de su cambio. Predicaba y hacia señales del poder sobrenatural de Dios y a su vez trajo alegría y gran gozo a la ciudad. Esto indica que nuestra transformación no quedará sólo para nosotros o la Iglesia, sino que también esto afectará el medio y lugar en el que vivimos. En los cristianos primitivos y transformados encontramos una serie de acontecimientos que no podemos desasociarlos de las señales y maravillas.

¿Ha notado cómo creció rápidamente la primera iglesia en cantidad y en calidad?

En la calidad de oración y decisiones. "*Todos éstos perseveraban unánimes en oración y ruego, con las mujeres, y con María la madre de Jesús, y con sus hermanos*". Hechos 1:14 (RV 1960). Tomando decisiones: "*Y orando, dijeron: Tú,*

Señor, que conoces los corazones de todos, muestra cuál de estos dos has escogido, para que tome la parte de este ministerio y apostolado, de que cayó Judas por transgresión, para irse a su propio lugar. Y les echaron suertes, y la suerte cayó sobre Matías; y fue contado con los once apóstoles" (Hechos 1:24 – 26 RV 1960).

Una cantidad de 3.000 creyó. *"Así que, los que recibieron su palabra fueron bautizados; y se añadieron aquel día como tres mil personas"* (Hechos 2:41 RV 1960).

En calidad de vida. *"Y perseveraban en la doctrina de los apóstoles, en la comunión unos con otros, en el partimiento del pan y en las oraciones. Y sobrevino temor a toda persona; y muchas maravillas y señales eran hechas por los apóstoles. Todos los que habían creído estaban juntos, y tenían en común todas las cosas; y vendían sus propiedades y sus bienes, y lo repartían a todos según la necesidad de cada uno. Y perseverando unánimes cada día en el templo, y partiendo el pan en las casas, comían juntos con alegría y sencillez de corazón, alabando a Dios, y teniendo favor con todo el pueblo. Y el Señor añadía cada día a la iglesia los que habían de ser salvos".* (Hechos 2.42-47 RV 1960).

Una cantidad de 5.000 hombres, quizás 15.000 en total creyeron. *"Pero muchos de los que habían oído la palabra, creyeron; y el número de los varones era como cinco mil"* (Hechos 4:4 RV 1960).

La cantidad aumentó. *"Y los que creían en el Señor aumentaban más, gran número así de hombres como de mujeres"* (Hechos 5:14 RV 1960).

La calidad de líderes. *"En aquellos días, como creciera el número de los discípulos, hubo murmuración de los griegos contra los hebreos, de que las viudas de aquéllos eran desatendidas en la distribución diaria. Entonces los doce convocaron a la multitud de los discípulos, y dijeron: No es justo que nosotros dejemos la palabra de Dios, para servir a las mesas.*

Buscad, pues, hermanos, de entre vosotros a siete varones de buen testimonio, llenos del Espíritu Santo y de sabiduría, a quienes encarguemos de este trabajo. Y nosotros persistiremos en la oración y en el ministerio de la palabra.

Agradó la propuesta a toda la multitud; y eligieron a Esteban, varón lleno de fe y del Espíritu Santo, a Felipe, a Prócoro, a Nicanor, a Timón, a Parmenas, y a Nicolás prosélito de Antioquía; a los cuales presentaron ante los apóstoles, quienes, orando, les impusieron las manos"(Hechos 6:1-6 RV 1960).

La cantidad creció. "*Y crecía la palabra del Señor, y el número de los discípulos se multiplicaba grandemente en Jerusalén; también muchos de los sacerdotes obedecían a la fe*" (Hechos 6:7 RV 1960).

Ahora, si analizamos esto: ¿Cómo puede ser esto entre un pueblo tan oprimido e ignorante? Podríamos describir una serie de razones o causas de que esto sucediera y sin lugar a dudas el bautismo con el Espíritu Santo es la principal, también una segunda razón eran las señales y maravillas frecuentes de Dios en medio de ellos.

Muchas personas para poder acceder al Reino de Dios, serán impactadas primero con el poder manifiesto del Espíritu Santo mediante señales y/o maravillas. Qué tremendo pensar que la Iglesia del Señor se inició en tan grande proceso: viviendo el poder sobrenatural. A esto lo tenemos que entender claramente y para siempre. Después de la era del Antiguo Testamento con su abundancia de señales y milagros vino el nacimiento de nuestro Salvador que puso el cimiento del movimiento cristiano que iba a aparecer. El bautismo con el Espíritu Santo era traer al mismo Cristo en cada uno habiéndose hecho uno con Él. Esto tiene relación total a la palabra Emanuel que significa "Dios con nosotros".

La diferencia que en el antiguo testamento era DIOS CON NOSOTROS y después el bautismo con el Espíritu Santo en el nuevo pacto es DIOS EN NOSOTROS. La venida de Jesús fue acompañada por señales, prodigios, revelaciones, sueños, ángeles, lo profético y lo milagroso.

Una verdadera transformación nos llevará a producir de esta manera en el Reino; las señales no fueron solo para los cristianos primitivos, sino para la Iglesia como cuerpo de Cristo en todos los tiempos hasta que el Salvador regrese.

Manifestaciones sobrenaturales de Dios.

El libro de los Hechos de los Apóstoles es el texto de Dios que enseña a la Iglesia lo que es **la vida normal cristiana**. Hay 28 capítulos en Hechos y en cada uno de ellos encontraremos señales, maravillas y eventos sobrenaturales. Hay apariciones frecuentes de Jesús, manifestaciones del Espíritu Santo y visitas de ángeles.

Hay palabras audibles de Dios, profecías, idiomas nuevos, sueños, visiones y gente que de repente escoge creer. Hay sanidades, liberaciones, llenuras del Espíritu Santo, juicios Divinos asombrosos, señales y maravillas abundantes. Esto es la vida normal cristiana, no la extraordinaria, la rara o una vida extraña tanto como piensan algunos en las iglesias modernas.

Para Pablo era normal ver muchas señales y milagros; vamos unos ejemplos de esto: "*Tengo, pues, de qué gloriarme en Cristo Jesús en lo que a Dios se refiere. Porque no osaría hablar sino de lo que Cristo ha hecho por medio de mí para la obediencia de los gentiles, con la palabra y con las obras, con potencia de señales y prodigios, en el poder del Espíritu de Dios; de manera que desde Jerusalén, y por los alrededores hasta Ilírico, todo lo he llenado del evangelio de Cristo. Y de esta manera me esforcé a predicar el evangelio, no donde Cristo ya hubiese sido nombrado, para no edificar sobre fundamento ajeno*" (Romanos 15.17-20 RV 1960).

"Aquel, pues, que os suministra el Espíritu, y hace mara-villas entre vosotros, ¿lo hace por las obras de la ley, o por el oír con fe? (Gálatas 3:5 RV 1960).

¿Porqué Dios hace milagros?

Dios no hace milagros como un espectáculo para emo-cionar a la gente. No vienen para promover la persona que Dios usa, tampoco es magia, o sugerencia psíquica. Al contrario son señales y evidencias que Dios está cerca y amor hacia esos que sufren o están atados de demonios. Los milagros señalan la Cruz y el poder de Jesús. Con todo lo que hemos visto al respecto, debe quedarnos con una clara idea que un proceso de transformación será eviden-ciado por medio de señales y maravillas. Esto, no sólo fue para el tiempo de los apóstoles de Jesús, sino para nuestros tiempos también. **Nuestra vida transformada, dará eviden-cias de señales y maravillas**.

¡Qué tremenda verdad! Nuestra vida va a vivir y producir señales a montones y maravillas jamás vistas por nuestros ojos. La transformación provocará que nos convirtamos en una fuente de señales y prodigios para los demás. Los cris-tianos primitivos influenciaron en la vida de muchos conciu-dadanos ya que estaban llenos y bautizados con el Espíritu Santo y eso produjo las señales y maravillas.

Es el tiempo de continuar el libro de los Hechos de los Apóstoles. Es nuestro turno, nuestra temporada sobrenatural de vivir con señales y maravillas cotidianamente porque los tiempos finales son como los tiempos del inicio de la Iglesia. No podemos hablar o demostrar transformación sin señales y sin maravillas. Estamos en el tiempo profetizado donde se verían las mayores cosas de la historia.

"Veremos tanto que necesitaremos ser transfor-mados para creerlo y manifestarlo..."

CAPÍTULO 7
JUNTOS POR LA TRANSFORMACIÓN

7

En una de las muchas frases o fragmentos no bíblicos, se dice que la "unión hace la fuerza" y que "un pueblo unido jamás será vencido". Parece ser que esto es cierto en todos los ámbitos. Y lógicamente es imposible pensar en unidad si no se está junto a alguien. Una de las mayores bendiciones que tenemos como hijos de Dios es poder pensar diferente como seres humanos, pero **podemos estar juntos con un mismo propósito**.

El Reino de Dios se trata de estar juntos con los hermanos en la fe, ya que los misterios y diseños del Reino son para "todo" el cuerpo colectivo de Cristo. Entonces, bajo este lineamiento, debemos entender que para poder sostener el fuego de Dios y vivir una vida transformada debemos estar juntos y unidos al cuerpo. Una vida transformada, anhelará buscar la manera de permanecer, convivir, disfrutar y pasar tiempo suficiente con las personas que se aman como también con los hermanos en la fe. Esto es evidencia que hay transformación. El estar juntos, representa a las brasas en un fuego, que mientras estén juntas la llama arderá. Los cristianos primitivos manifestaban en la vida cotidiana una de las actitudes que pone en evidencia un estado de transformación, y eso es: **permanecer juntos por un motivo y propósito**.

La Biblia dice, que toda la gente que había creído estaba juntas después de lo acontecido en la fiesta del Pentecostés, cuando el Espíritu Santo entró y les bautizó.

Ningún plan de dos o más personas en cualquier ámbito de la vida, puede prosperar si no hay unidad y permanencia juntas para que eso se suceda. La unidad y estar juntos son necesario, es vital. Jesús les aconseja a sus seguidores (antes del bautismo de fuego), que permanecieran en Jerusalén hasta que el Espíritu Santo viniera. Obviamente en un contexto de permanecer juntos.

49 He aquí, yo enviaré la promesa de mi Padre sobre vosotros; pero quedaos vosotros en la ciudad de Jerusalén, hasta que seáis investidos de poder desde lo alto. (Lucas 24:49 RV 1960).

El Señor Jesús, les prometió que el Padre enviaría al Espíritu Santo para acompañar a la Iglesia hasta los tiempos finales. Qué curioso, que eso los mantuvo juntos. O sea, la promesa del Señor de ser investidos de poder, provocó en ellos el anhelo de convivir y permanecer juntos en Jerusalén hasta que fuera cumplido aquello dicho por el Maestro. Entonces podemos decir que estuvieron juntos esperando la promesa; y la promesa llegó. Esto nos lleva a analizar el pasaje bíblico:

"Cuando llegó el día de Pentecostés, estaban todos unánimes juntos. Y de repente vino del cielo un estruendo como de un viento recio que soplaba, el cual llenó toda la casa donde estaban sentados; y se les aparecieron lenguas repartidas, como de fuego, asentándose sobre cada uno de ellos. Y fueron todos llenos del Espíritu Santo, y comenzaron

a hablar en otras lenguas, según el Espíritu les daba que hablasen" (Hechos 2:1 – 4 RV 1960).

"*estaban todos unánimes juntos*": **para que las promesas de Dios se cumplan** tal cual él las dijo, nosotros debemos entender que no hay manera que esto suceda si no estamos en el diseño y actitud correcta. El relato de las escrituras dice que estaban "todos", esto indica que había un acuerdo en que nadie quedara fuera de lo que Dios iba a hacer conforme a la promesa del Señor.

También dice que estaban "*unánimes*", esta es una de las causas que sobre muchos se apague el fuego de Dios, que no saben y/o no quieren ponerse de acuerdo con otros para un mismo fin. La unanimidad no es pensar iguales unos con otros, sino en esa diversidad de pensamientos darse la oportunidad de llegar a una conclusión para establecer un destino o meta, estar en un mismo sentir. Esa unanimidad llevó a los primeros creyentes a ser impactados con el Espíritu Santo y la promesa del Padre.

Por otro lado, dice que estaban juntos. La permanencia es una dicha que muy pocos le encuentran sentido. Permanecer en algo hasta que se cumpla no es para cualquiera, sino para aquellos que han sido convencidos y su corazón late a una por un mismo propósito. Estaban juntos esperando lo mismo… esto desató el cumplimiento. Si nosotros hoy hiciéramos lo mismo, entonces lograríamos que muchas promesas Divinas se hagan realidad.

"*Y de repente vino del cielo un estruendo como de un viento recio que soplaba, el cual llenó toda la casa donde estaban sentados; y se les aparecieron lenguas repartidas, como de fuego, asentándose sobre cada uno de ellos*". Dice aquí que de repente. Ese de repente, responde a la unidad, unanimidad y el hecho que estaban juntos. Vino de repente, porque la pasión por ver esa promesa cumplida era poderosa.

Lo que te apasiona demandara tu tiempo. Ellos estaban apasionados por recibir al Espíritu Santo y eso así sucedió. Como todos estaban juntos, les vino de repente, y lo tremendo que sobre cada uno de ellos. Sobre todos (estaban en un mismo sentir). Inmediatamente el Espíritu Santo se manifestó por medio del don de lenguas y como una llama que estaba sobre sus cabezas, como señal de este bautismo de transformación.

"Y fueron todos llenos del Espíritu Santo, y comenzaron a hablar en otras lenguas, según el Espíritu les daba que hablasen". Este último párrafo es el broche de oro de este poderoso episodio. "**Todos**". **Todos** fueron llenos del Espíritu Santo, sin excepción uno. **Todos estaban juntos y todos fueron llenos, esto nos aporta un dato importantísimo**.

Para que seamos bautizados en el fuego de transformación con el Espíritu Santo, debemos estar juntos con los hermanos en la fe, ya que somos parte del cuerpo. La promesa no era individual y el cumplimiento tampoco lo fue. La venida del Espíritu Santo a la tierra responde a la promesa de Jesús; pero también a la obediencia y actitud con la que esperaron que esto se cumpliera. El Señor les había encomendado esto que juntos esperaran el cumplimiento y así sucedió.

Las instrucciones en la palabra de Dios, siempre son correctas, seguras y con frutos. Es imposible pensar en la manifestación de la promesa si no estamos juntos como hermanos en la fe. Los cristianos primitivos vivieron juntos esto; y eso los llevó a desarrollarse después de haber sido empoderados por el Espíritu Santo.

Juntos para Servir

Cuando todos fueron llenos del Espíritu Santo por medio del fuego de transformación, ellos juntos empezaron a servir al Señor. Esa es una de las claves poderosas de transformación, el hecho de que no me quedo con lo que "nos sucedió", sino lo activo y lo uso en conjunto al cuerpo de Cristo en dirección al Reino de Dios. Saberlo usar es otro tema.

Es triste ver personas que son empoderadas o ungidas por el Señor que terminan en corto plazo su carrera ministerial puesto que sienten o piensan que es solo para ellos. Cuando entendemos que estamos juntos eso nos da la certeza que lo que Dios ha puesto en nosotros prosperará. O sea, que si Dios nos ha hecho un llamado y con él nos ha dado una comisión esto es para que nosotros usemos dicha unción a favor del Reino de Dios y los demás.

Estamos en el Reino de Dios e inclusive siendo transformados para servir. Unos de los síntomas más expresivos y notables de ser transformados y bautizados en fuego, es el anhelo de servir a Dios en las múltiples facetas del sistema del Cielo. Es por eso, que si no tenemos una actitud de servicio, también evidenciamos que no tenemos una transformación.

Una de las cosas que suceden **cuando somos transformados o somos bautizados en fuego es que somos empoderados**. Recibimos poder del Espíritu de Dios, por causa de habernos hecho uno con Él. Pero esa porción o medida de unción no es específicamente para tenerla, sino para usarla y la única manera de usarla es SIRVIENDO.

Servir es una de las maneras de hacer crecer la unción o el empoderamiento de Dios sobre nuestras vidas; pero le sigue de la mano el estar junto con otros empoderados como nosotros.

Esa es una gran revelación. ¿Cuál? La de entender que **estamos ungidos para servir a Dios juntos** con el resto del Cuerpo de Cristo que nos rodea y del cual somos parte por medio de la Iglesia. ¿Por qué es esta una revelación? Porque muchos sienten el derecho de monopolizar la unción e individualizar el mover del Reino de Dios y esto no es así; la promesa fue para el Cuerpo de Cristo y lo sigue siendo así hoy.

Ungidos para Servir

Pareciera que el servicic a Dios es algo muy sencillo de gente con fe, buenos cristianos, intenciones sanas y una que otra persona muy espiritual; pero esto no es así. El servicio a Dios significa ser reclutado por el mismo Espíritu Santo para extender la obra del Señor y también es una extensión del mismo ministerio de Jesús. El ministerio de Jesús comprende cinco funciones, puesto que el Hijo como parte activa de la Trinidad imparte a la Iglesia cinco dones. Esto literalmente se trata de Dones que edifican y capacitan la Iglesia, ellos son: Apóstol, Profeta, Evangelista, Pastor y Maestro. A su vez esto implica la necesidad de la operación de ellos a favor de la Iglesia. Cuando el Señor estableció el ministerio quíntuple, lo hizo para extender su ministerio mesiánico sobre el cuerpo de Cristo. Veamos a detalle esto:

11 Y él mismo constituyó a unos, apóstoles; a otros, profetas; a otros, evangelistas; a otros, pastores y maestros, 12 a fin de perfeccionar a los santos para la obra del ministerio, para la edificación del cuerpo de Cristo, 13 hasta que todos lleguemos a la unidad de la fe y del conocimiento del Hijo de Dios, a un varón perfecto, a la medida de la estatura de la plenitud de Cristo (Efesios 4:11-13 RV 1960).

¡MUY IMPORTANTE! Cuando el apóstol Pablo dice que *él mismo constituyó, significa que el Señor dejó establecido un gobierno para servir al cuerpo de Cristo. La unción es literalmente una medida de poder que responde a ese gobierno para servir al Señor en el cuerpo de Cristo y a la gente que no conoce al Señor. Pero lo que debemos grabarnos a fuego, es que la unción es para servir y para servir juntos como cristianos.*

En el versículo mencionado, podemos ver que los cinco ministerios fueron creados para servir al cuerpo de Cristo pero también como la continuación del mismo ministerio de Jesús; este es un privilegio que debe ser revelado. Cuando esto es revelado, entonces ya no será una opción más el trabajar juntos, sino una necesidad de los unos para los otros.

Vamos a esta revelación. Cuando el Señor constituye el ministerio Quíntuple, lo hace dándole a cada llamado una función específica de las cuales el mismo vino a cumplir y desarrollar. Esto es clave, ya que podemos ver que si Jesús manifestó estas unciones, la hizo en su propio cuerpo, a través de su propia vida. Esto manifiesta lo siguiente: que **aunque dividió en cinco partes iguales los ministerios no significa que los hizo independientes entre sí, sino co-dependientes. Esta es la revelación, cada ministerio necesita uno de otro para funcionar en el perfeccionamiento y edificación de la Iglesia**.

Aquí vemos obviamente el mismo principio que se manifestó luego del **bautismo en fuego**. Estaban **juntos**, y aquí el *Señor Jesús establece ministerios juntos cumpliendo funciones diferentes*. Esto es vital para el cuerpo de Cristo hoy. Esa actitud de permanecer juntos nos llevará a entender el propósito y sentido del Cuerpo de Cristo.

La Necesidad de estar Juntos.

El Señor estableció un principio en el Reino, mediante una de sus oraciones *para que todos sean uno; como tú, oh Padre, en mí, y yo en ti, que también ellos sean uno en nosotros; para que el mundo crea que tú me enviaste.* (Juan 17:21 RV 1960).

Este principio de Unidad o de estar juntos, tiene un propósito y un destino muy claro. El propósito es que juntos los hermanos, los discípulos podrían lograr que el Reino se extendiera de una manera poderosa y segura; la predicación, los milagros, las señales y demás manifestaciones sobrenaturales serian una respuesta continua y fluida gracias a esa unidad.

En la oración del Maestro, da la pauta que su pedido al Padre es que hubiera una relación imposible de disociar ya que la compara como el Padre Dios y el como el Hijo. Jesús dice: *para que todos sean uno; como tú, oh Padre, en mí, y yo en ti* esto habla claro que el Padre y Jesús son uno. La relación inseparable trasciende aún más; se trata de una comparación del Señor y de una profundidad en ese carácter de ser uno entre sí. La trascendencia tiene que ver con otra declaración del Maestro en la oración: que también ellos sean uno en nosotros ¡Esto es Poderoso!

Ahora podemos entender mejor esto. ¿Por qué es necesario estar Juntos? Porque el mantenerse así, dará el mayor y más poderoso de los testimonios de que Jesús fue enviado y el mundo de esta manera creerá. **El estar juntos con los hermanos de la fe, hace que sea nuestro evangelio creíble y que la gente pueda reconocer que Jesús fue enviado del Padre, que es el Señor de nuestra vida**.

CAPÍTULO 8
EN COMÚN, TODAS LAS COSAS

8

A lo largo del tiempo, las sociedades y las culturas han crecido, han avanzado y prosperado por un factor en común y es el acuerdo. Un gobierno en desacuerdo podría a corto plazo desvanecerse; una familia sin acuerdo no puede desarrollar ni vivir una comunión; un negocio sin el acuerdo entre quienes lo componen difícilmente crezca y se extienda; **una Iglesia sin acuerdo no puede permanecer**.

Leemos en la Palabra: *¿Andarán dos juntos, si no estuvieren de acuerdo?* (Amos 3:3 RV 1960); esto nos indica que es fundamental el ponernos de acuerdo para cualquier cosa que deba ser hecha entre dos o más personas. En el Reino de Dios *el acuerdo es vital para las buenas relaciones y para la expansión del mismo*. Nada se puede lograr sin acuerdo. Un matrimonio podrá prolongar su relación siempre y cuando ambos cónyuges estén de acuerdo; si no es así difícilmente podrán lograr sueños juntos y alcanzar la promesa conforme a la buena, agradable y perfecta voluntad de Dios.

El acuerdo es una parte fundamental e ineludible del proceso de transformación. La vida de transformación es una

93

evidencia de un verdadero acuerdo entre el cristiano y el Espíritu Santo. El acuerdo es vital. El acuerdo nos mantendrá en un compromiso siempre. Y de ese compromiso depende el cumplimiento de las promesas de Dios. Desde los primeros tiempos Dios con su pueblo, acordó y guardó el compromiso.

Cuando una o dos personas se ponen en acuerdo, están creando un compromiso para poner en orden las acciones para desarrollar un objetivo. Para todos los ámbitos de la vida, es necesario establecer acuerdos. Esto permitirá que esos objetivos o planes no sean estorbados o cancelados por nada. Una persona transformada, amará acordar propósitos porque eso lo llevará a cumplir objetivos personales y espirituales.

En la Iglesia primitiva, encontramos que una de las **evidencias de una transformación es que tenían en común todas las cosas**. ¿Qué es eso? Que estaban de acuerdo en todo a pesar de que no pensaban igual; este es el secreto y la clave de un acuerdo "pensar diferente, pero llegar a un compromiso común prestando conformidad y cumpliéndolo". Esto es más que un arte, es una revelación. **Cuando una persona ha tenido un encuentro poderoso y único con el Espíritu Santo, adopta el principio de estar de acuerdo con el prójimo para el servicio a Dios y todo lo relacionado con el Reino**.

Vemos claramente, que los antiguos tenían las cosas en común, puesto que el derramamiento del Espíritu Santo les había marcado a fuego para poder guiarlos a toda verdad, pero a partir de acuerdos reales. Un acuerdo tiene poder, y ese poder provoca resultados. Cuando en la Iglesia hay acuerdos, estos desatan orden y generan resultados poderosos.

Cualquier sector de una sociedad, debe fundamentar su avance, crecimiento y futuro con acuerdos en el presente; y eso los conducirá a lograr sus objetivos claros. En el Reino de Dios, todo acuerdo se convierte en una puerta a un logro, un fruto y un resultado. Nadie que está bautizado en fuego, niega ser parte de un acuerdo. El mismo Espíritu de Dios, nos impulsará a caminar y buscar la dirección de Dios para juntarnos con los hermanos de la fe y poder estar en armonía participando del mover de Dios en dondequiera que estemos.

Todas las cosas.

Cuando dice que tenían en común todas las cosas, se refiere a todas las cosas; no sólo las espirituales sino las cotidianas. Eso es algo que se ha estado perdiendo dentro de nuestras congregaciones hoy en día, ya que muchos han entrado en el sistema y/o actitud individualista.

¿Qué tan difícil será ponernos de acuerdo? ¿No será que no nos ponemos de acuerdo porque no estamos transformados? ¡En esto hay que pensar! Aquí entra el pensamiento o concepto que un acuerdo se logrará con dos o más personas que estén en sintonía, o sea, en el mismo sentir. En desacuerdo, nada prospera ni nada se logra; pero cuando pasamos por el proceso del fuego, todos quedamos trabajados por la misma mano del Espíritu Santo y eso nos llevará a un mismo sentir.

Todas las cosas que hacen a una sociedad, familia, ciudad o nación son las que se ponen en juego cuando somos transformados ¿Por qué? Porque en esta condición divina nosotros afectamos a todas las cosas. Por eso mismo, ellos tenían todo eso en común. Si, los transformados afectan todo lo que les rodea. Esa es una verdad indiscutible, y una poderosa bendición que reposa sobre los hijos del Señor.

Trayendo esto a nuestros días, podemos entender que debemos como hijos de Dios y como cuerpo activo de Cristo ponernos de acuerdo y lograr esta bendición que todas las cosas sean comunes para todos. Y cuando hablamos de comunes no estamos minimizando el valor de nada ni de nadie, sino que estamos refiriendo que todo está descansando sobre un acuerdo. Nuestros días y tiempos dependen de lo que Dios haya dicho y de lo que hacemos con eso.

En todos los perfiles de la palabra de Dios, encontraremos que debemos ser entendidos en lograr estar de acuerdo. Un pueblo sin orden es un pueblo que perece; una Iglesia en acuerdo es una iglesia que se desarrolla y crece con propósito.

Propósito y Acuerdo.

Estos dos factores son esenciales en el Reino de Dios y siempre de la mano nos darán mucha satisfacción; ya que **todo propósito de Dios será una bandera de victoria en nuestras vidas cuando practiquemos el acuerdo**.

Cuando una persona vive bajo acuerdo, demuestra que sigue viviendo el proceso de transformación y que está dispuesta a convivir y ser parte del cuerpo colectivo del Señor. **Los propósitos de Dios son para la Iglesia en general y los acuerdos son de la Iglesia para con los propósitos de Dios**.

El propósito, es una determinación firme para hacer algo; entonces en el Reino de Dios ese propósito es firme para que lo de Dios se establezca en la tierra de una manera poderosa y especial. Alcanzar un propósito hará que un cristiano transformado, en el acuerdo, evidencie su esencia de transformación. Debemos entender a profundidad que lograr tener todas las cosas en común no se trata de una opción, sino de una verdad absoluta de personas transformadas por el Espíritu Santo. Esa es la verdad, personas transformadas.

En una iglesia, hace muchos años un grupo de cristianos tuvieron encuentros muy poderosos con el Señor, al punto que sus vidas dieron un giro total; sus costumbres y algunos hábitos cambiaron repentinamente en cada uno de ellos. Sin embargo, no pudieron lograr ponerse de acuerdo y tener en común todas las cosas, al punto que ese encuentro se fue nublando poco a poco hasta convertirse en un gran recuerdo añorado.

Esto pasa, cuando no disponemos nuestra vida para que el Señor la transforme por completo; se la prestamos para momentos espirituales que nos harán sentir bien o mejor. Aquella iglesia, por muchos años pasó de ser un músculo espiritual fuerte y vivo a una religiosa y apagada sede de cristianos aburridos, enfermos, deprimidos y llenos de incredulidad ¿Por qué pasa esto? Porque el fuego no llegó a encenderse lo suficiente y por consiguiente no lograron ponerse de acuerdo.

El acuerdo es poderoso, porque el principal interesado en esto es el Señor. Muchas veces escuchamos y aun decimos que Dios es un Dios de pactos, pero ... ¿lo entendemos realmente? Porque si así fuera, estaríamos buscando la oportunidad con los hermanos en la fe de estar de acuerdo para que el Señor selle ese pacto a fuego.

CAPÍTULO 9

CORAZONES SOLIDARIOS

9

En los capítulos anteriores, vimos el poder de la transformación por medio del fuego después del bautismo con el Espíritu Santo; vimos la necesidad del temor de Dios y que esto trajo señales y maravillas. Para que esto sucediera tuvieron que estar los cristianos primitivos juntos y teniendo en común todas las cosas.

Hasta aquí, pareciera que todo lo que hicieron era en función del Reino de Dios y en lo personal; lo cual no está mal, pero por causa de la transformación el Espíritu Santo despertó el corazón de cada uno para solidarizarse con los demás según las necesidades. Esto muestra que recibieron tremenda impartición del Señor y se COMPROMETIERON CON ÉL.

¿Qué dice el Diccionario acerca de compromiso? Obligación contraída por una persona que se compromete o es comprometida a algo. Acuerdo formal al que llegan dos o más partes tras hacer ciertas concesiones cada una de ellas.

Según esta definición, compromiso tiene que ver con **un**

acuerdo formal y una obligación. Este es otros de los tantos resultados y frutos que produce el verdadero bautismo con el Espíritu Santo, que seamos comprometidos con el Señor y con la visión en la Iglesia. Al comprometernos con el Señor nacerá en nosotros el sentir profundo, no emocional, de ayudar al prójimo según sus necesidades.

Veamos la palabra de Dios, para recordar la base bíblica que estamos desarrollando: "*y vendían sus propiedades y sus bienes, y lo repartían a todos según la necesidad de cada uno*" (Hechos 2:45 RV 1960). Este versículo revela una verdadera impartición de Dios. Si ponemos lupa espiritual a esto, nos daremos cuenta que algo había pasado poderoso en ellos al punto de tener el compromiso de asistir a quienes tenían necesidades y de manera gratuita sin esperar nada a cambio. Esto habla de un espíritu tratado por el Espíritu Santo.

En otras palabras, fue tan poderosa la llenura del Espíritu Santo que los creyentes no titubearon en compartir sus cosas con otros en necesidad, sino que las vendían y con eso se solidarizaban con la necesidad del pueblo; o sea que iban tras los que menos tenían para que estuvieran mejor. Esto habla de un corazón transformado y no como muchos hoy en día, tienen sus garajes o depósitos llenos de cosas que ya no usan o no usaron jamás, y no son capaces de ponerlas en las manos de Dios en ayuda para otros. ¿Seriamos capaces de vender cosas nuestras en pos de otros?

Vendían sus propiedades y sus bienes.

Una de las problemáticas que existen dentro de la Iglesia actual y está enraizado profundamente, es el individualismo; lo que es una tendencia de una persona a obrar según su propia voluntad, **sin contar con la opinión de los demás** individuos que pertenecen al mismo grupo y **sin atender a las normas de comportamiento** que regulan sus relaciones.

Esto es sin duda alguna, lo que sucede en la vida cotidiana, y que nada tiene que ver con privacidad ni cultura alguna. El individualismo, es un comportamiento que muchos confunden con prudencia, precaución o cosa semejante.

Este fenómeno está metido en la Iglesia como otras tantas cosas que dañan el sistema del Reino de Dios en la gente a grades escalas. Es por eso que debemos erradicarlo por completo si de verdad hemos sido bautizados con el Espíritu Santo.

El individualismo trae consigo a un cómplice que es el egoísmo. Este, es tan dañino que hace creer a muchos que pensar en si mismos y sus familias solamente es un gran acto para ser aplaudidos por tener cierto fundamento bíblico. Claro que la palabra de Dios nos exige dar prioridad a los nuestros, pero no nos aleja de tener que ayudar a los que necesitan.

El egoísmo actualmente está disfrazado como: *"esa es mi cultura"; "debemos pensar en nosotros primero"; "a mi nadie me da nada"; "así soy y así he de morir"; "apenas alcanza para mi". En otros casos similares muchos dicen, "voy a dar o donar, así que buscaré los más barato, quizás de mala calidad pero lo que vale es la intención"*. Todo este tipo de cosas, provienen de un corazón individualista, egoísta y que lastimosamente está dentro del Cuerpo de Cristo. Otros son egoístas consigo mismo y con su núcleo familiar obviamente. ¿Cómo puede ser esto? ¡Si, lo es! Todo lo que consumen, compran, visten y tienen es de la peor calidad y más bajo valor posible. Esto lo confunden con humildad o con no ser vanidosos, obviamente confundiendo el texto bíblico al respecto. Pero en realidad esto indica un problema grave en el corazón; porque un corazón transformado querrá lo mejor de lo mejor para si mismo como para su familia.

Cuando damos algo a alguien, claro que eso estará sujeto a nuestro presupuesto; pero lo que damos tiene el valor que nosotros le damos a la persona. Lo que nosotros no valoramos, nosotros no lo pagamos. A quien nosotros no valoremos, en ello no invertiremos. Esto es así, en cualquier parte del mundo. Pero si no valoramos a la propia familia ¿cómo lo haremos con otros?.

El versículo base, dice que ellos vendían propiedades, por favor lea con atención, propiedades. Significa que el poder de la transformación, había podido llegar tan adentro de ellos que logró romper con el egoísmo; y con esa dependencia y amor a las cosas materiales. Ellos vendían propiedades y bienes. Esto tenia valor y ese valor lo estaban poniendo sobre los necesitados. Esto realmente puede solo suceder en personas transformadas, no en aquellas que saben mucho o conocen todo necesariamente.

Lo repartían a todos según las necesidades.

El Reino de Dios es un sistema de gobierno perfecto, divino y sobrenatural. Entre esas cosas, Dios mediante su Reino provee de sabiduría suficiente para poder suplir cualquier necesidad que se amerite en su Iglesia. Cuando los cristianos habían vendido sus propiedades y sus bienes, esto se disponía para ser repartido igualitariamente a todos los necesitados.

¿Está usted entendiendo esto? El Reino de Dios también nos direcciona a lo social. ¿En qué sentido? En el sentido que no podemos decir que hemos sido hechos uno con el Espíritu Santo, y no interesarnos en las necesidades de otros. Pensar así, es mentirnos a nosotros mismos. Quien haya sido bautizado con el Espíritu Santo y fuego, en su espíritu arderá una llama poderosa que sobrenaturalmente despertará el sentir y la actitud de dar a otros.

La necesidad en mucha gente siempre existirá, esto indica que siempre habrá oportunidad de ayudar a quien lo requiera sin esperar nada a cambio y sin hacer mucho alarde. Lo que la escritura indica, que los frutos de los creyentes fueron tan abundantes que vendían lo de ellos y repartían para las necesidades.

Vamos a un ejemplo vivo de esto, que por cierto la palabra de Dios mediante el apóstol Santiago nos dejó como instrucción y la Iglesia ha perdido totalmente. "*La religión pura y sin mácula delante de Dios el Padre es esta: Visitar a los huérfanos y a las viudas en sus tribulaciones, y guardarse sin mancha del mundo*" (Santiago 1:27 RV 1960).

Esta instrucción es una pequeña porción de algo que no estamos haciendo como tal. La Iglesia en muchos lugares y en su mayor porcentaje ha olvidado esto. Si no vamos por personas necesitadas como una viuda y un huérfano ¿Cómo lo haremos por los que "están mejor"?; es necesario hacer un análisis de esta situación. El apóstol Santiago nos encarga esto a la Iglesia, no al gobierno.

Muchos pueden decir "*el gobierno debe proveer*"; "el gobierno tiene programas y/o ayudas sociales" así y todo, usted y yo debemos hacer esto por estar transformados. La necesidad no es un asunto de gobierno solamente, sino de una Iglesia viva, activa y transformada. Cuando nos hacemos uno con el Espíritu Santo, vamos a ver como el quiere que veamos y sentir lo que El quiere que sintamos respecto a todo y mas aún a las necesidades de los hermanos en la fe y las demás personas.

CAPÍTULO 10

FAVOR E INFLUENCIA

10

Definitivamente y en pocas palabras, esto es un anhelo de Dios en nosotros que seamos procesados y transformados con el Espíritu Santo y el fuego de Dios; Cristo así lo trajo junto al Reino de Dios, y así nosotros lo debemos de experimentar.

Todo lo escrito, es para nosotros. La Biblia "es un manual al ser humano y la brújula precisa de todos los tiempos que direcciona a los hijos de Dios al propósito divino. La misma, nos lleva a una verdadera transformación e impacto con el fuego de Dios. Es la Palabra la que nos vivifica y nutre de tal manera que seamos llevados con lazos de amor al mismo plan del Señor "*Con cuerdas humanas los atraje, con cuerdas de amor*" (Oseas 11:4a RV 1960).

Cuando alguien se atreve a alinear su vida a la palabra viva de Dios, se enfrenta a un cambio jamás imaginado en su vida y para siempre. O sea, podemos ser transformados de tal manera que seremos hechos a la imagen del varón perfecto que es Cristo. *Entonces, esto indica que la palabra de Dios tiene poder para influenciarnos.* Por ejemplo, si alguien lee la Biblia por leerla, puede que aprenda mucho y empiece a despertar en si mismo el interés de profundizar en ella al punto de conocer secretos y misterios que ella guarda; sin embargo, si alguien la escudriña para cambiar su vida será exageradamente influenciado, y sufrirá una suerte de invasión del amor de Dios.

Si la palabra de Dios invade nuestro ser, entonces estaremos vulnerables a una transformación sobrenatural en nuestras vidas. Todos necesitamos ser influenciados por la palabra al punto de que la convicción de la misma sea insoportable e inevitable. Si, insoportable e inevitable. Que nazca en nuestro espíritu una oración como clamor a Dios diciendo: *"Padre bueno, que tu Palabra no sea para mi una revista leída repetidamente, sino una herramienta sobrenatural que me invada de tal manera que no me quede otra opción que rendirme delante de ti".*

Una persona bajo influencia, es fácil de controlar, conducir y dominar. Esto puede ser un concepto peligroso en manos manipuladoras; pero bajo el Espíritu Santo, esto será el camino más corto y seguro a una transformación. **Nadie puede ser transformado espiritualmente, si primero no es influenciado por la Palabra de Dios como primer paso.**

Uno de los elementos de transformación que encontramos a la luz de la palabra de Dios es que la Iglesia primitiva estaba influenciada por la palabra de Dios. *"Y perseveraban en la doctrina de los apóstoles"* (Hechos 2:42a RV 1960).; y esto mismo los llevo como resultado a un nuevo elemento de transformación llamado "Favor con el Pueblo". Veamos a continuación lo declarado por el escritor al respecto: "Y sobrevino temor a toda persona; y muchas maravillas y señales eran hechas por los apóstoles.

44 Todos los que habían creído estaban juntos, y tenían en común todas las cosas; 45 y vendían sus propiedades y sus bienes, y lo repartían a todos según la necesidad de cada *uno. 46 Y perseverando unánimes cada día en el templo, y partiendo el pan en las casas, comían juntos con alegría y sencillez de corazón, 47 alabando a Dios, **y teniendo favor con todo el pueblo**. Y el Señor añadía cada día a la iglesia los que habían de ser salvos.* (Hechos 43:47 RV 1960).

Este favor, sustancialmente habla de una estima especial que el pueblo tenía para con los cristianos primitivos. Ellos eran aceptos en el pueblo como tales por causa de una transformación; ellos no se aislaron de la gente. No se apartaron. No se escondieron. No se metieron en sus doctrinas, sino que prosperaron en lo que los apóstoles les habían enseñado y esto era directo también del Señor Jesús. La transformación verdadera, es aquella que prepara nuestra vida para la gente que necesita a Dios y no para encerrarnos en la cuatro paredes de una institución o templo a reinar entre algunos religiosos. Jesús les había enseñado a *"Id por todo el mundo y predicad el evangelio a toda criatura"* (Marcos 16:15 RV 1960). Esta instrucción los apóstoles la impartieron y enseñaron entre los nuevos cristianos.

Esa transformación les dio favor, estima, aceptación en el pueblo en el que vivían. Esto revela algo poderoso. Una iglesia transformada cambia y calibra su mirada a los perdidos. Deja de pulir religiosos y se dedica al mensaje de salvación y transformación de Jesús. Los primitivos tuvieron la oportunidad de multiplicarse por causa del mensaje pero también por ser parte activa de una sociedad y no un grupo encerrado en el templo.

Hay dos cosas aquí que debemos entender y no debemos separar. **Favor e influencia**. Cuando hay transformación por el Espíritu Santo y hemos sido bautizados (hechos uno con El) por medio del fuego, entonces podemos influenciar. Veamos más claro acerca de esta acción.

Influir significa: *Producir en una persona o una cosa sobre otra, de manera indirecta o insensible, cierta acción o efecto que la hace cambiar o variar.* Esto es influencia. Esto es transformación. Esto es Reino. Esto es el sistema del Cielo revelado y accionando en la tierra. No podemos pensar o creer que sin transformación podremos influenciar en el área donde vivimos. Nadie vendrá a Cristo por nuestro medio, si primero no somos transformados.

Vivimos en un sistema y a una velocidad tremenda de influencias. Lo que vemos y escuchamos de alguna manera nos influencia; los que nos rodean o a quienes rodeamos son influyentes; lo que vivimos o hacemos vivir es influyente también. Todo parte de aquello. Un maestro influencia con educación. Un médico influencia con medicina. Un policía influencia con autoridad civil. Un presidente influencia con autoridad política y ejecutiva a una nación. Y la iglesia debe influenciar con el poder sobrenatural de Dios en la tierra.

Somos la imagen visible de un Dios invisible. Somos la sal de la tierra. Somos la luz del mundo. Somos la solución viviente al problema en tiempo real de la sociedad en la que nos movemos. En donde Dios nos ha puesto, es donde se nos ha otorgado posición y propósito. Nuestras familias, trabajos, empleos, compañías, profesiones son la embajada del cielo que se nos ha asignado para influenciar.

La iglesia primitiva fue una Iglesia influyente, porque tuvieron favor y acceso al pueblo. Hoy en día, debemos lograr lo mismo bajo todas las herramientas actuales y modernas que Dios nos ha dado en la mano. Si pretendemos hoy, evangelizar como se lo hacia 30 años atrás, lograremos menos del 3% de los resultados que se esperan. La gente no reacciona de igual manera que años pasados, pero el poder sobrenatural de Dios puede moverse conforme el sistema se mueve.

Los héroes bíblicos, lograron influenciar el sistema social por donde se movieron. Aquí es donde encontramos una raíz de los viajes misioneros del Apóstol Pablo. El tuvo que influenciar no solo en varias personas, sino en varias culturas y gobiernos. Pablo influencio con los Romanos, griegos, judíos y árabes. Estuvo entre principales, gobernantes, reyes y señores de aquellas épocas. Predicó y expandió el evangelio del Reino como una plaga de tal manera que querían darle muerte *"Porque hemos hallado que este hombre es una plaga, y promotor de sediciones entre todos los judíos por todo el mundo, y cabecilla de la secta de los nazarenos"*. (Hechos 24:15 RV 1960).

Que tremendos calificativos: plaga, promotor y cabecilla. Esta es una medalla que pocos pueden mostrar en sus uniformes de guerra. Porque esto demandará de sacrificio, precio, influencia y favor del pueblo.

El Favor del Pueblo.

La Iglesia primitiva había sido empoderada en la fiesta del Pentecostés como jamás antes había sucedido en un grupo de personas buscando a Dios. En otras palabras *lo sucedido estaba haciendo historia*. Cuando el Espíritu Santo transforma la vida de un ser humano, es allí donde comienza la verdadera historia del mismo; lo anterior fue un ensayo fallido.

En nuestro tiempo, encontramos a muchos pueblos, ciudades y naciones que están lejos de una verdadera influencia de los hijos de Dios. Tristemente hay ocasiones donde los cristianos son símbolo de vergüenza, mal testimonio y a veces en el peor de los casos los que hacen que los pueblos, ciudades y naciones cierren su corazón a Dios.

Pero ¿Por qué pasa esto? La respuesta es abrumadora.

Por muchos años la iglesia caminó en el poder de Dios, manifestando Su Gloria y trayendo a la tierra el mismo cielo. Gente predicando con poder, cristianos demostrando a Cristo en sus vidas; familias íntegras y balanceadas, matrimonios dignos de imitar, individuos llenos de Dios y mucho más. Pero llegó una etapa, donde el diablo logró convencer a muchos de hacer uno de los cambios mas dañinos al sistema de la Iglesia, esto se llama sustitución.

La Sustitución y sus resultados.

Esto es alarmante, pero real. Hemos visto los distintos enfoques de cada resultado que da el ser bautizado con el Espíritu Santo en fuego; el ser impartidos de poder, el caminar en dirección, el persistir en la doctrina de los apóstoles del Señor, el convivir y compartir con humildad con los demás hermanos en la fe y etc.

Pero esto, es una consecuencia del tiempo de restauración que estamos viviendo. Sin embargo, por muchos años la iglesia empezó a sustituir los elementos que vimos por sustitutos humanos, psicológicos y naturales.

Esto llevó a la Iglesia a obviamente cambiar. Veamos algunos ejemplos al respecto. Reuniones sin revelación. Servicios con grandes músicos pero no adoradores.

Predicaciones con tremendos sermones pero no el mensaje del Señor para la ocasión. Pulpitos ocupados por motivadores y no siervos. Altares lujosos pero no ungidos. Doctrinas de hombres y no revelación. Superación y no transformación. Psicología y Psiquiatría y no liberación. Estudios bíblicos pero no discipulados. Enseñanzas sin impartición. Exigencias y no demostraciones. Estructuras y no libertad. Canciones y no alabanzas. Egocentrismo y no humildad. Vanagloria y no sencillez de corazón. Ignorancia y no conocimiento. Flojeras y no esfuerzos y la lista pudiera ser mas amplia aún. Pero la dejamos ahí, para evitarle un infarto a dos que tres.

Todo esto, sustituyó lo que el Señor estableció el día que trajo a la tierra la transformación. ¿sabe? Varias cosas vinieron a la tierra por medio de Jesús y antes jamás habían sido vistas.

1.- El Reino de Dios.

Por ejemplo Jesús, trajo a la tierra vivencias y elementos poderosos a través del poder y su nombre. El mismo Reino de los cielos, que es el sistema de gobierno de Dios fue traído por Cristo; antes de esto nadie habló del Reino sólo Juan el Bautista en el mismo marco de tiempo que el maestro. La diferencia es que Juan lo anunció y Jesús lo trajo *"Desde entonces comenzó Jesús a predicar, y a decir: Arrepentíos, porque el reino de los cielos se ha acercado.* (Mateo 4:17 RV 1960).

Por cierto, el único mensaje que Jesús predicó fue el del Reino de los Cielos. O sea, lo aplicó con parábolas, ejemplos y demostraciones de poder, pero fue su único mensaje.

2.- La Expulsión de Demonios.

La liberación y expulsión de demonios es una manifestación de la señal del Reino que nunca se registró en la Biblia, sino cuando Jesús comenzó a practicarla; esto lo comprobamos con la misma palabra *"Y todos se asombraron, de tal manera que discutían entre sí, diciendo: ¿Qué es esto? ¿Qué nueva doctrina es esta, con qué autoridad manda aún a los espíritus inmundos, y le obedecen?"* (Marcos 1:27 RV 1960). Antes de Cristo el echar fuera demonios no existía. La Liberación vino con el Reino de Dios por eso dijeron: ¿Qué nueva doctrina es esta?. Jesús trajo la Liberación.

3.- Nuevos Milagros.

Jesús hizo milagros por cierto en cantidad que jamás habían sido visto y obvio no están registrados antes de Él; esto da la pauta lo que el Reino trajo en tiempo real. Veamos cuales fueron: *Los ciegos. Los sordos. Los mancos y paralíticos. Los mudos y echar fuera demonios.*

¿Por qué esos milagros nuevos? Porque para que algo sea un milagro, tiene que suceder en el ahora, en tiempo real. Los milagros no son para el Pasado ni el Futuro porque la fe es ahora, es hoy. El echar demonios es el milagro más fuerte de los cinco recién mencionados ¿Por qué? Cuando sale un demonio se está REMOVIENDO un reino con él y entra otro; o sea, se remueve el reino de las tinieblas y se establece el Reino de Dios. Entonces la Liberación es sacar un reino y que venga el otro Reino. Se derroca un reino y se establece el otro.

La iglesia primitiva fue transformada. Ellos vivieron una etapa gloriosa por causa de la transformación por medio del bautismo con el Espíritu Santo y fuego, y no el bautismo en agua. Ellos fueron hechos uno con el Señor mediante esta metamorfosis divina. Cuando salieron a las calles, tanto los apóstoles como el resto de los discípulos, fue notorio los frutos y resultados porque en la primera predicación de Pedro, tres mil personas se convierten a Jesucristo, esto indica que tenían influencia para convocar tal multitud.

Se juntaban en las casas a compartir y eso provocó el favor del Señor para que fueran recibidos en el resto del pueblo y eso propagó el evangelio. Cuando empezaron a evangelizar y predicar al Señor, ellos tomaron influencia por el poder con el que estaban bautizados. No dejó esto, de ser parte de una guerra espiritual para conquistar nuevas almas para el Señor. Aquí podemos ver, lo que llamamos guerra espiritual.

Hoy en día es igual, cuando pretendemos predicar el evangelio desatamos una guerra contra el mismo infierno; pero es una locura pensar predicar el Reino de Dios sin poder y sin las manifestaciones que Cristo trajo. Para hacerlo correctamente debemos tener en cuenta cuatro cosas que Jesús practicó exponiendo el Reino de su Padre: predicó, enseñó, echó fuera demonios y sanó los enfermos.

Cuando salimos por las almas perdidas, debemos estar

transformados ¿Por qué? Porque sin poder no ganaremos y tendremos frustración. Una de las guerras más fuertes con la que nos enfrentaremos es la mental. La mente en guerra espiritual es considerada un territorio entonces la mente tiene que ser libre de toda opresión y atadura que pueda estar cegándola. Por eso mismo necesitamos poder, sino caeremos en la sustitución.

Muchos ministerios al no estar empoderados sustituyen esto por reuniones motivacionales, eventos tecnológicamente excelentes, animación y entretenimiento del mas alto nivel, pero todo eso no sirve al momento de hablar de guerra espiritual y transformación de vidas. La gente está cansada de los sustitutos, ya no los soporta, ellos quieren la verdad y la verdad es la palabra de Dios manifestada, predicada y MANIFESTADA.

Es ilegal predicar o hablar del Reino de Dios sin liberación, sin sanidades y sin poder demostrado como tal.

Debemos hacer un pacto con el señor y decir: *__necesito ser bautizado con el Espíritu Santo para que mi vida viva una transformación incomparable, poderosa, y para siempre. Y eso lo quiero AHORA!!!__*